医療経営士 実践テキストシリーズ 5

これだけは知っておきたい
医療機関のためのマイナンバー対策

株式会社富士見坂病院経営研究所 代表取締役 石橋 賢治 著

個人情報保護法から医療等IDがもたらす影響まで

個人情報保護法の改正

医療等 ID

マイナンバー

JMP 日本医療企画

はじめに

　平成17年4月の個人情報保護法の全面施行時には、多くの医療機関に対して、研修講師や実務的支援（利用目的等の通知文書や関係規程の作成、安全管理措置の構築、etc.）をさせていただきました。今でも新規採用者等を対象として、「個人情報保護法への対応」というテーマで研修講師の依頼があります。

　一方、平成28年1月のマイナンバーの利用開始時には、簡単な相談を受けたものの、個人情報保護法と比較すると、医療機関の組織的課題としての認識や取り組みは低いように感じます。その背景には、利用者への対応が求められる個人情報保護法に対し、マイナンバーは職員への対応が中心となるため、事務部門の一部に業務を任せているという現状があると考えられます。

　しかしながら、マイナンバーは重要個人情報であるとともに、その記載が必要となる書類の一部での記入が開始されたばかりです。職員等への利用目的の通知・公表、目的外利用、本人確認、就業規則や個人情報保護規程の改正、安全管理措置、第三者提供、廃棄等の対応や体制の整備は、これから本番を迎えると言ってもよいでしょう。「職員に支払っている給料と市町村から通知された住民税が合わない」等の問題が出てくるのも、平成29年以降です。

　「マイナンバーは職員への対応が中心となる」と先述しましたが、マイナンバーの体制を整備する過程において、職員の個人情報への既存の対応が不十分であることに気づく場合もあるでしょう。例えば、職員や応募者に対し、個人情報の収集時において、その利用目的を明確に通知あるいは公表されているでしょうか。常時50人以上の労働者を雇用する企業に実施が義務づけられたストレスチェックの結果等の取り扱いは万全でしょうか。

　また、マイナンバーとも関連の深い個人情報保護法は、平成27年9月に実質的に初めての改正がなされ、平成29年4月を目

途に全面施行される予定です。そして、早くもマイナンバー法（番号法）は、この個人情報保護法との同時改正によって利用範囲が拡大し、平成30年4月からは医療機関等における医療保険資格のオンライン確認の段階的導入が予定されています。さらに、地域内や複数地域をまたがる医療介護機関の連携を飛躍的に推進することなどを目的とする医療等IDの導入も決定しており、この動きは地域医療構想とも無関係ではありません。

　このような状況下、本書は、医療機関の立場からマイナンバーを中心とする個人情報、医療等IDに対する理解を深め、それらへの対応に万全を期すことを目的として書き上げたものです。読者の皆様にとって理解しやすい記述とするため、院長、看護部長、事務長の三者による会話形式とし、イラストにも工夫を施しています。

　第1章では、マイナンバーの概要、ストレスチェック結果を含む職員等の個人情報保護対応、改正個人情報保護法への対応を取り上げています。第2章では、マイナンバーの実務を取り上げ、取得、安全管理措置、提供、廃棄等に関する留意点や対応策を取り上げています。内閣官房や個人情報保護委員会のＱ＆Ａも引用・参照し、医療機関における実務上の疑問への回答も網羅しています。第3章では、番号法改正による医療介護分野へのマイナンバーの利用範囲の拡大、及び医療等IDの導入による医療機関への影響を取り上げています。また、巻末には、すぐに活用できる「医療機関向けマイナンバー対応等―自主点検チェックリスト」を添付しています。

　本書がマイナンバーを含む個人情報や医療等IDの理解を深め、貴院の体制の再構築に少しでも役立てば幸いです。

平成28年9月

石橋 賢治

目次

はじめに ……………………………………………………………… 2

本書の特長 …………………………………………………………… 6

第1章 マイナンバー制度と改正個人情報保護法

第1話 マイナンバーとは何か〈平成28年1月より利用開始〉 …… 10
第2話 通知カード、個人番号（マイナンバー）カードとは何か …… 19
第3話 法人番号とは何か ………………………………………… 23
第4話 マイナンバー導入で改めて問われる
　　　 職員の個人情報保護対策 ………………………………… 29
第5話 新たな対応が求められる個人情報保護法の改正 ……… 42

第2章 マイナンバーの実務

第6話 マイナンバー取得の際の注意点①
　　　 （利用目的の通知・公表）………………………………… 60
第7話 マイナンバー取得の際の注意点②（本人確認）………… 68
第8話 マイナンバー取得の際の注意点③（トラブルへの対応）…… 78
第9話 マイナンバー取得の際の注意点④（取引先からの取得）…… 85
第10話 マイナンバーの提供 ……………………………………… 90
第11話 マイナンバーの廃棄 ……………………………………… 95

第12話 マイナンバーの安全管理措置①
　　　（基本方針と取扱規程の策定） ………………………… 100
第13話 マイナンバーの安全管理措置②
　　　（組織的・人的安全管理措置） ………………………… 105
第14話 マイナンバーの安全管理措置③
　　　（物理的・技術的安全管理措置） ……………………… 112
第15話 マイナンバー事務の委託 ………………………………… 118
第16話 マイナンバーの漏えい対策 ……………………………… 126

第3章　医療等分野における今後の番号制度

第17話 番号法の改正と「医療等ID」の導入 ………………… 132
第18話 保険者の健診データの管理及び
　　　自治体の予防接種履歴の共有 ………………………… 142
第19話 医療保険のオンラインでの資格確認 ………………… 148
第20話 医療等IDによる医療介護連携と医療の質向上 ………… 157
最終話 今までの議論を経て医療機関がなすべきこと……………… 166

医療機関向けマイナンバー対応等―自主点検チェックリスト …… 170

引用・参考文献 ……………………………………………………… 177

本書の特長

1. 医療機関におけるマイナンバーの実務を中心に具体的かつ詳細に紹介し、疑問をスッキリ解消

2. ストレスチェック結果等の職員の個人情報保護、改正個人情報保護法への対応も漏れなく掲載

3. 今後のマイナンバーの利用範囲の拡大、及びマイナンバーとは異なる医療等 ID にも言及

4. 医療機関の経営者や職員の視点に立って解説

5. 会話形式だからスラスラ読める、理解しやすい

6. すぐ役立つ「医療機関向けマイナンバー対応等─自主点検チェックリスト」を巻末に収録

本書は、JMP病院の幹部である3人の会話を通じて、マイナンバー制度等について理解する内容になっています。

● JMP病院の概要

医療法人が運営する病院であり、病床198床（一般148床、医療型療養50床）である。職員の社会保険、所得税、住民税の関係事務は庶務課と経理課が担当しており、委託契約している顧問税理士もいる。

● 登場人物紹介

〈院長〉

専門雑誌でも頻繁に紹介されている名医である。病院の経営基盤を強化するため、10年前に現在の事務長を外部から迎え入れた。マイナンバーに対する知識はほとんどないが、抜群の理解力によって鋭い質問を連発する。

〈看護部長〉

経営改革や個人情報保護法への対応の際には院内のプロジェクトメンバーの一人として大活躍した実績を持つ。夫が税理士であるため、人事労務やマイナンバー制度等についても詳しいが、知識にムラがある。

〈事務長〉

病院の事務長として豊富な経験を有する。社会保険労務士及び医療経営士1級の資格を有しており、人事労務、個人情報保護法、マイナンバー制度に精通している。

●表紙デザイン：おさる・森 将勝
●表紙・本文イラスト：不破司津子

第1章

マイナンバー制度と改正個人情報保護法

第1話 マイナンバーとは何か
〈平成28年1月より利用開始〉

　JMP病院の院長が、「書店に行くとマイナンバーに関する書籍は多くあるものの、医療機関に特化したものはなく、医療機関の管理者としてマイナンバーの知識がほぼゼロのままでいいのだろうか」と不安になったことが本書の始まりである。院長、看護部長、事務長によるJMP病院の定例懇談会において、「医療機関のマイナンバー制度」について徹底的に追究することを院長は提案した。本話では、医療機関の業務に与える影響を含め、マイナンバーの概要を確認する。

 昨年（平成27年）の10月に市役所から自宅にマイナンバーが郵送されてきたが、これをどのように使うのかが実のところ、よくわからんのだよ。

 当院の庶務課に自分のマイナンバーを提示しただけよね。

 その通り。そもそもマイナンバーとは何なのかな。

A. マイナンバーとは

 マイナンバーとは、簡単に言えば、日本に住民票を有する個人に付けられる番号のことです。このマイナンバーは、「行政手続における特定の個人を識別するための番号の利用等に関する法律」等で規定されています。

略して「番号法」というものね。

その通りです。マイナンバーは番号法では、「個人番号」と書かれています。日本に住民票を有するすべての人に対し、一人について一つの番号を付け、複数の機関に存在する個人の情報が同一人のものであることを確認するために活用するものです。

それがマイナンバー制度ということか。赤ちゃんにもあるわけだね。

はい。そして、一人に一つの12桁の番号がマイナンバーということです。

B. マイナンバーの取り扱いと目的

そうすると、当院の患者さんや職員もそれぞれのマイナンバーを持っているわけだが、これらのマイナンバーは当院の運営に当たり、どのように関わってくるのだろうか。

まずは、今までの個人情報とは異なり、「当院が患者さんやその家族のマイナンバーを取得することはない」ということを理解して下さい。

そうすると、当院が取得して使用するのは、役員や職員のマイナンバーのみということだね。

その通りです。正確には、役員や職員に加え、その家族や取引先の個人事業主のマイナンバー取得が必要な場合もあります。

役員や職員のマイナンバーということは、雇用管理に使用するということかな。

そう言えば、以前にニュースで「マイナンバー制度の導入でアルバイトのキャバクラ嬢がいなくなる？」なんて言っていたけど、なぜかしら。

院長と看護部長の疑問は、いずれもマイナンバー制度が社会保障・税金・災害対策の三つの分野に限定して導入されることに起因しています。

雇用管理に関わるものとしては、社会保障は健康保険、厚生年金、雇用保険等があるね。税金は給与から天引きする所得税や住民税だね。

災害対策とは何かしら。

災害時に行政が被災者支援に利用することを想定しているものなので、当院等の事業者には直接関係ありません。

そうすると、当院がマイナンバーに関わるのは、社会保障と税金の分野の二つに限定されるわけね。

その通りです。すでに平成28年1月以降は職員の雇用保険の各種届出を行う場合、マイナンバーの記載が必要になっています。健康保険と厚生年金の各種届出は、平成29年1月以降です。

以前よりも手続きが面倒になる感じがするけれど、なぜ国はマイナンバー制度を導入したのだろうか。

導入目的として、「社会保障や税制度の効率化・透明化による公平・公正な社会の実現」が説明されています。キャバクラ嬢に限らないのですが、アルバイト等の所得を確定申告して納税していない人は相当数いると言われています。

マイナンバー制度の導入によって、確定申告をしなくても税務署に所得がバレてしまうということかしら。

第1話　マイナンバーとは何か〈平成28年1月より利用開始〉

その通りです。今でも企業はアルバイトも含め、誰にいくら給料を払い、いくら源泉徴収したかを税務署に提出する義務があります。

法定調書（支払調書＋源泉徴収票）というものね。

そうです。マイナンバー制度によって平成28年分から法定調書にマイナンバーが付け加えられて提出されるため、法定調書をしっかり提出している企業で勤務している人はすべての所得が明確に把握されます。

番号を申告した瞬間、地方自治体や社会保険事務所に各個人の所得合計がわかってしまうわけね。

ゆえに、副業の追加所得を確定申告して追加所得に対する税金を支払わないといけなくなるというわけか。年間で20万円以下の副業の場合、確定申告をする必要はなかったよね。

講演料や原稿料は雑所得としてみなされるため、年間で20万円を超えなければ確定申告の必要はありません。しかし、副業が給与所得である場合、20万円以下であっても確定申告の対象となります。

例えば、本業に加え、月に2～3日程度、週末にアルバイトをしたような場合、アルバイト代が年間20万円以下であっても課税対象となるわけね。

また、兄弟姉妹が重複して両親を扶養に入れて所得税や住民税の控除を受けていても、マイナンバー導入前は行政で把握できないケースもあったようです。

両親を扶養に入れる場合、両親のマイナンバーも記載して届出するため、そこでわかるというわけね。

社会保障の保険料はどうなるのかな。

正規職員として働き、他の企業等でアルバイトしている場合、そもそも社会保険（健康保険・厚生年金）に入っているわけだから、社会保険料については今までと同じで問題はないわけね。

厳密には、経営者や役員を除き、原則としてアルバイト先での労働時間がそこでの正規職員の労働時間の4分の3以上の場合、給与を通算して社会保険料を算出することになっていますが、稀なケースだと考えられます。

雇用保険は、一つの企業でしか加入できないので問題ないわね。

そうなると、社会保障については、特にアルバイトのみの所得しかなく、確定申告をしてこなかった人に影響が出るよね。

その通りです。親の健康保険の扶養に入って保険料を支払わなかった人も所得によっては扶養から外れ、自ら被保険者となって保険料を支払わないといけなくなります。

社会保険（健康保険や厚生年金）に加入していない企業でアルバイトのみすれば、自ら被保険者となることはないわよね。

法人の場合、事業の種類を問わず、社長一人のみでも社会保険の強制適用事業所となり、加入しなければなりません。個人事業の場合、一部の事業を除き、従業員が5人以上いれば強制適用事業所となります。

強制適用にもかかわらず、社会保険に未加入になっている事業所に対する指導が厳しくなっていると聞いたのだけど…。

はい。平成27年度から加入指導が強化されるとともに、マイナンバー制度によって後述（第3話）する事業所の法人番号と従業員のマイナンバーの紐付けは簡単になったため、社会保険への加

入を強制する動きは加速すると言われています。

税金に話を戻すが、法定調書を提出していない企業でアルバイトすれば、確定申告は必要ないわけだよね。

それはそうですが、その企業はコンプライアンスとして大いに問題がありますし、社会保険のケースと同様にマイナンバー制度の導入で法定調書を提出しない企業は減ると言われています。

副業の所得の確定申告をすることにより、正規職員として働いている勤務先に副業がバレるということも聞いたのだが…。

所得金額によって住民税の金額も変わります。副業している場合、正規職員として働いている勤務先に住民税の金額が通知されれば、その勤務先の給料から算出された金額と異なるため、人事担当者に副業の事実が判明することになります。

確定申告書で副業の所得については「普通徴収（自分で納付）」を選択すれば、副業分の住民税は正規職員として働いている勤務先に通知されないはずではないかしら。

普通徴収を選んでも、住民税の普通徴収が選択できるのは、「給与・公的年金等に係る所得以外」と記載されているため、市町村によっては副業の「給与」は普通徴収ができないケースもあるようです。

自治体が特別徴収を義務化する傾向もあると聞いたわ。

当院も就業規則で院長の許可のない副業は禁止しているため、平成29年以降に判明する違反者への対応をどうするか、事前に違反の罰則等について職員に通知しておくかなどを検討する必要がありますね。

C. 行政機関の効率化と所得の透明化

マイナンバーによって、税務署、社会保険事務所、市役所等の各機関が効率的・効果的に個々の所得を把握できるわけだから、制度導入の意義はあるよね。

正規職員として1カ所で働いている個人にとっては何も変わらないような感じだけど、そうでない人にとっては、言い方は悪いけれども取り締まりが厳しくなるというわけね。

そうですね。マイナンバー制度は、行政等の各機関の業務の効率化に加え、国民個々の所得を透明化して公平な負担を推進することにより、社会保障制度や税金制度の安定を図る目的で運用される制度と解釈できますからね。

ズバリ言えば、負担を不当に免れること、給付を不正に受け取ることを防止するわけだよね。

その財源が本当に困っている人への支援に回るのであれば、制度導入の意義は大きいと思いますよ。

あまり実感はないけど、添付書類の削減等によって行政手続きが簡素化されたり、行政機関が持っている自分の情報を確認できたり、国民の利便性向上につながることも指摘されているわね。

個人情報保護法の際は患者さん等への対応が必要であったため、職員全員への教育が必要だったが、マイナンバーの場合、職員の社会保険や税金を取り扱う庶務課と経理課が対応しているわけだね。

当院も事業者として、職員に代わって社会保障関係の申請手続きをしたり、所得税や住民税を徴収して税務署や市区町村に支払ったりする義務がありますので、マイナンバー制度に迅速に対応しています。

第 1 話　マイナンバーとは何か〈平成 28 年 1 月より利用開始〉

だから、医師や看護師等の間ではあまり騒がれなかったわけね。

「番号を振られるのは気持ち良いものではない」というような批判もあるようだな。

その気持ちもわかりますが、基礎年金番号、運転免許証番号、健康保険証番号等、既に私たちは多くの番号を行政等から割り振られています。

> **今回のポイント**
>
>
> ● マイナンバー制度の導入により、個々の所得は透明化し、社会保険料や税金はより公平な負担が推進される。
> ● 現時点で医療機関が患者さんのマイナンバーを取得することはない（取得してはいけない）。
> ● 従来の個人情報とは異なり、マイナンバーは職員等への対応がメインである。

人事担当者必須の関連知識 ❶

Q 貴院で看護師の非正規職員として働きたいのですが、社会保険も所得税法上も夫の扶養の範囲で働きたいと考えています。そのためには、年収をいくらまでに抑えればよいのでしょうか。

A. 扶養家族の基準は社会保険と所得税で異なる！

　社会保険（健康保険・厚生年金）と所得税で扶養の定義は異なります。社会保険の扶養基準は、年収で130万円未満（60歳以上又は障害厚生年金の要件に該当する程度の障害がある人の場合は180万円未満）です。なお、年収130万円未満は過去の収入ではなく、被扶養者に該当する時点及び認定された以降の年間の見込収入額です。

　ただし、平成28年10月以降、従業員501人以上の企業においては、所定労働時間が週20時間以上（今までは週30時間以上が対象）、かつ年収106万円以上（月収8.8万円以上）などに該当する職員も社会保険の扶養から外れ、自らその企業の社会保険に加入することになっています。

　また、厚生年金の扶養は「20歳以上60歳未満の配偶者」に限られます。

　一方、所得税法上の扶養基準は、「合計所得金額38万円以下（給与所得では年間103万円以下）」です。

　※収入金額103万円－給与所得控除65万円＝合計所得金額38万円

　また、所得税でいう所得は、1月～12月の年単位で判断されます。すなわち、年末に締めて38万円以下かどうかで判断することになります。

第2話 通知カード、個人番号(マイナンバー)カードとは何か

　行政から送付されたマイナンバーとは異なる「申請が必要な個人番号カード」について、院長は興味を持つ。本話では、マイナンバーの特徴、通知カードと個人番号カードの違い、個人番号カードのメリット等を確認する。

 行政から送付されてきたマイナンバーには、「個人番号カードを希望する場合は申請が必要」と説明されていたが、どうすれば良いのだろうか。

 まずは、通知カードと個人番号カードの違いから理解することにしましょう。

A. 通知カードとは

 通知カードとは、既に自宅に郵送されてきたものだね。

 そうです。原則として、番号法の施行日である平成27年10月5日以降に日本に住民票を有するすべての者を対象として、一人に対して一つのマイナンバーが付与されています。

 通知カードには、マイナンバーに加えて、氏名、住所、生年月日、性別等が記載されていたよ。

 マイナンバーの特徴は、①住民票を有する全員に番号が付けられること、②一人について一つの番号であり、重複しないように番号が付けられること、③「民(個人)」-「民(事業者)」-「官

(行政)」の関係で利用可能な番号であること、④最新の基本4情報（氏名、住所、生年月日、性別）が関連づけられていることであると行政の広報に書かれていたわ。

通知カードは、マイナンバーが付与された全員に配布されます。また、住民票コードが変更しても、それに伴ってマイナンバーは変更されるものではありません。

マイナンバーは、生涯にわたって変更されないのかな。

国外転出等によって住民票がなくなる場合でもマイナンバー自体は失効せず、再び住民票を取得した場合、転出前と同じ番号を利用することになっています。

例外もあったわよね。

その通りです。原則として同じ番号を一生利用するのですが、マイナンバーが漏えい等によって不正利用されるおそれがあると認められる場合に限り、本人の申請や市区町村長の職権によって変更できるとされています。

B. 個人番号カードとは

それでは、個別の申請が必要な個人番号カードとは何かね。

マイナンバーを付けることに個人の許諾の有無は不要となっており、先述のように通知カードはマイナンバーが付与された全員に郵送されます。一方、個人番号カードの交付は任意です。

個人番号カードには何が記載されるのかな。

本人の顔写真が表示され、氏名、生年月日、性別、マイナンバー、有効期間満了日（発行の日から10回目〈20歳未満は5回目〉の誕生日まで）等が記載されます。これらの事項は、電磁的方法でも記録されます。

希望者は行政に申請すれば、通知カードと引き換えに交付を受けられるのよね。

個人番号カードを入手すると、何か便利なことがあるのかな。

行政が発行し、顔写真もあるため、運転免許証のように最も信頼度の高い身分証明書として利用することが可能です。さらには、市区町村役場に行かなくても、コンビニエンスストア等の店舗において、住民票、印鑑登録書等の公的な証明書の取得ができるようになります。

各種行政手続のオンライン申請、e－Taxの利用、平成29年1月から予定されているマイナ・ポータルへのログイン等には、個人番号カードが必要となるのよね。

その通りです。ですから、個人番号カードは紛失しないように適正に管理することが必要なのです。

なるほど。私は、個人番号カードは当面必要ないかな。確定申告も税理士に任せているし。これ以上、カードが多くなっても財布に収納できないからなあ。

個人番号カードに関しては、院内の対応として重要な点がありますが、それは後述（第8話）することにします。

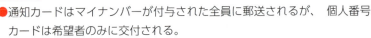
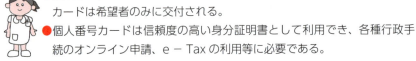

- 通知カードはマイナンバーが付与された全員に郵送されるが、個人番号カードは希望者のみに交付される。
- 個人番号カードは信頼度の高い身分証明書として利用でき、各種行政手続のオンライン申請、e－Taxの利用等に必要である。

第3話 法人番号とは何か

　マイナンバーの概要を理解した院長は、マイナンバーと同時期にJMP病院に送付された「法人番号」を思い出す。本話では、マイナンバーとは異なる法人番号、マイナンバーと法人番号の利用範囲の違い等を確認する。

ところで、昨年（平成27年）10月に当院に「法人番号」が郵送されてきたのだが、マイナンバーとの関係はどうなっているのかな。

市区町村長が指定するマイナンバーに対し、法人番号は国税庁長官が指定するものです。マイナンバーの12桁に対し、法人番号は13桁になっています。

A. 法人番号の概要

どのような組織に法人番号が付与されるのかな。

①設立登記法人、②国の機関、③地方公共団体、④それ以外の法人等で国税に関する法律に規定する届出書を提出することになっている事業体に対して付与されています。

だから、医療法人の当院にも付与されたわけね。

法人番号を付与した目的は何かな。

これまでは、行政等の各機関が法人等に関する業務を行う場合、各機関の情報連携が十分とは言えませんでした。法人等の名寄せや突合を名称や住所で行うしかなく、各機関が多大なコストや時間を要していたのです。

確かに法人番号を導入すれば、そのような手間はかからず、業務が効率的になりそうね。

法人番号は、①該当する全法人等に番号が付けられること、②一つの法人等について一つの番号であり、重複しないように番号が付けられること、③「民（個人）」-「民（事業者）」-「官（行政）」の関係で利用可能な番号であることの三つについては、マイナンバーと同じ特徴を持っています。

法人等が解散等によって消滅した場合、法人番号はどうなるのかな。

消滅した以降に法人番号が使用される可能性もあるため、法人番号は失効しないことになっています。

なるほど。当院は、郵送されてきた法人番号をどのように使用するのかな。

◀ B. 法人番号の目的、及びマイナンバーとの違い

導入目的はマイナンバーと同じであり、主に社会保障と税金の分野で利用されます。具体的には、年金事務所や健康保険組合等に提出する年金・健康保険に関する書類、税務署や市区町村に提出する申告書や法定調書の支払を受ける者の欄等には、平成28年1月から法人番号を記載することが義務づけられています。

要するに、職員のマイナンバーを記載する届出や法定調書等のすべての書類には法人番号も同時に記載しないといけないということだね。

第3話 法人番号とは何か

法人番号に加え、商号又は名称、本店又は主たる事務所の所在地は、法人番号公表サイトを通じて公表されるため、誰でも自由に閲覧・検索ができるようになると聞いたのだけど…。

その通りです。「国税庁法人番号公表サイト」で完全公開されています（人格のない社団等は任意で公表）。法人番号と合わせて商号又は名称、本店又は主たる事務所の所在地の二つが紐付けられており、基本3情報と呼ばれています。

そうなると、インターネットや登記所、さらには信用調査会社等を活用して手間をかけて調べていた法人等の商号又は名称、本店又は主たる事務所の所在地は、法人番号公表サイトに法人番号を入力するだけで一括して見られるわけね。

そうすると、当院のホームページ等の名称や所在地も法人番号公表サイトの内容と合っていないと、信用問題にもなりそうだよね。

その通りです。法人番号の指定を受けた後に商号や所在地等に変更があった場合、公表情報は更新され、変更履歴も公表されます。

法人番号は公開が前提になっているのだね。

はい。さらに、マイナンバーとは異なり、法人番号は利用範囲の制限が法律上で規定されていないため、行政のみならず、当院のような民間事業者においても自由に利用することが可能です。

職員が取引先等から当院の法人番号を求められた場合、提供しても構わないわけね。

はい。誰の許可をもらう必要もありません。インターネット上で公開されているのですから。職員にはその旨を通知していますが、後述する院内の関連規程にも記述して明確にしておいた方がいいですね。

義務化されている各書類への記載以外に当院が法人番号を活用するとすれば、どのようなことが考えられるのかな。

当院の法人番号を積極的に公開してはどうでしょうか。ホームページ、病院パンフレット、広報誌、名刺等に刷り込むことが考えられます。

事務部門への問い合わせが減り、事務の効率化につながる可能性もあるわね。

それはそうだが、一般企業とは異なり、積極的に公開してもビジネスチャンスにつながるというわけでもないだろう。

そうですね。ただし、医療連携の面では、法人番号で連携先を管理する医療機関もあると思いますので、当院を連携先リストに掲載いただければ有り難いことです。

当院も法人番号で連携医療機関等を管理してはどうだろう。

例えば、市町村直営の公立病院の場合、公立病院は単独で法人番号を持っておらず、市町村と同じ番号になっています。そのあたりに留意すれば可能かなと考えています。

更新頻度が高いので、住所変更や名称変更があった場合も最新の情報が得られるため、エリア限定あるいは新規設立の医療法人等の絞り込み検索を実施し、当院からの案内の郵送や営業訪問する相手先を抽出することもできそうね。

マイナ・ポータルの法人版「法人ポータル」も構想されており、行政機関が保有する法人等のデータが紐付けられる予定です。法人番号は様々な可能性が秘められているようです。

第3話 法人番号とは何か

医薬品や消耗品等を購入している取引業者さんの場合はどうかな。

取引業者さんに対しては消費税も合わせて購入代金を支払っており、源泉徴収するわけではないため、法人番号は必ずしも必要ではありません。

それでは、当院が法人番号を必要とする取引先はどこかな。

弁護士、税理士、社会保険労務士等の報酬、有識者の講演料や原稿料等は、当院で源泉して報酬等に関わる支払調書を提出しなければなりません。

その場合、個人はマイナンバーだけど、法人等は法人番号が必要になるわけね。

その通りです。法人番号は、一人で事業を行っていても設立登記さえしていれば付番されますが、逆に複数の職員を雇用していても設立登記をしていないと付番されません。

当院の顧問税理士は法人契約なので法人番号を提供してもらうとして、当院が土地を賃借している地主さんの場合はどうかな。

はい。「不動産の使用料等の支払調書」の提出のため、地主さんにはマイナンバーの提供をお願いしないといけません。

当面、多くの取引先の法人番号は取得しなくてもいいね。

その通りですが、先述の連携医療機関と同様の利用が考えられます。例えば、同一の会社にも関わらず、各部署又は各事業所の単位で異なる当院の取引先コードで管理していた複数の取引先情報を法人番号によって集約できます。

当院もそのように実行してみよう。

はい。ただし、法人番号を持たない個人経営の取引業者さんに対して留意が必要です。

マイナンバーの取り扱いには注意が必要ということね。

はい。源泉徴収しない個人事業主にマイナンバーの提供を依頼することはできません。

法人番号と異なり、マイナンバーは利用範囲の制限が法律上で規定されているものね。

その通りです。詳細は次の機会（第6話）にしますが、法人番号と異なり、マイナンバーで取引先や医療連携先を管理すると番号法に抵触します。

それでは、マイナンバーで職員の人事情報等を管理したり、マイナンバーを職員IDの代わりに使用したりするとどうなるかな。

完全にアウトです。同様に番号法に抵触します。

今回のポイント

- 自院の法人番号はマル秘にする必要はなく、積極的に外部公開すべきである。
- 法人番号は自由に利用できるため、医療連携先や取引先の管理に使用できる。ただし、マイナンバーは利用範囲の制限が法律上で規定されているため、医療連携先や取引先の管理、及び職員等の人事管理には使用できない。

第4話 マイナンバー導入で改めて問われる職員の個人情報保護対策

　医療機関が取り扱うマイナンバーは主に職員のものであることを理解した院長は、患者さん等の個人情報保護対応と比較し、職員やその家族の個人情報保護対応への取り組みが稀薄であったことに気づく。本話では、厚生労働省の「雇用管理分野における個人情報保護に関するガイドライン」等を活用しつつ、職員等の個人情報保護対策のポイントを確認する。

マイナンバーは主に職員のものを取り扱うということを聞いて改めて考えたのだが、個人情報保護においては院外情報（患者さんやその家族等）への対応策は相当に講じてきたが、院内情報（職員やその家族等）への対応策はあまり意識していなかったように思うのだが…。

マイナンバー導入を良い機会として、職員やその家族の個人情報保護対策も再確認が必要ですね。

A. 職員の個人情報保護に関するガイドラインの概要

平成24年に厚生労働省から「雇用管理分野における個人情報保護に関するガイドライン」及び「雇用管理分野における個人情報保護に関するガイドライン（事例集）」が示されているわね。

本ガイドラインでは、「雇用管理に関する個人情報とは、事業者が労働者等の雇用管理のために収集、保管、利用等する個人情報をいい、その限りにおいて、病歴、収入、家族関係等の機微に触れる情報を含む労働者個人に関するすべての情報が該当する」と

「雇用管理に関する個人情報」とは

該当する例

(1) 労働者等の氏名
(2) 生年月日、連絡先（住所、居所、電話番号、メールアドレス等）、会社における職位又は所属に関する情報について、それらと労働者等の氏名を組み合わせた情報
(3) ビデオ等に記録された映像・音声情報のうち特定の労働者等が識別できるもの
(4) 特定の労働者等を識別できるメールアドレス情報（氏名及び所属する組織が併せて識別できるメールアドレス等）
(5) 特定の労働者等を識別できる情報が記述されていなくても、周知の情報を補って認識することにより特定の労働者等を識別できる情報（注：「周知の情報」の具体的内容は個別の事案ごとに判断することとなるが、原則として、特段の調査をすることなく、世間一般の不特定多数の者が知っている情報を指す。）
(6) 人事考課情報等の雇用管理に関する情報のうち、特定の労働者等を識別できる情報
(7) 職員録等で公にされている情報（労働者等の氏名等）
(8) 労働者等の家族関係に関する情報及びその家族についての個人情報

該当しない例

(1) 顧客情報、株主情報
(2) 法人等の団体そのものに関する情報（団体情報）
(3) 特定の労働者等を識別できないメールアドレス情報（氏名及び所属する組織等が特定できないメールアドレス等。ただし、他の情報と容易に照合することによって特定の労働者等を識別できる場合を除く。）
(4) 特定の労働者等を識別することができない統計情報

出典：厚生労働省「雇用管理分野における個人情報保護に関するガイドライン（事例集）」

定義しています。また、本ガイドライン（事例集）は平成27年11月に改正されており、雇用管理に関する個人情報として左記を例示しています。

「雇用管理」は厚生労働省の所管なので、例示は医療介護事業者に限定しない業種横断的な記述になっているわけね。

はい。「株主情報」とか、医療機関には馴染みのない言葉もありますね。

雇用管理に関する個人情報に対し、事業者である医療機関の義務にはどのようなものがあるだろうか。当然、患者さん等の個人情報と同じ考え方であると思うが…。

「再確認した方が良い」と事務長が考える項目について、本ガイドライン等からピックアップして説明してほしいわ。

そうですね。「事業者は、雇用管理に関する個人情報を取得した場合は、あらかじめその利用目的を公表している場合を除き、速やかに、その利用目的を本人に通知し、又は公表しなければならない」と規定されています。取得の都度、利用目的を職員に通知することは非効率なので、患者さんの場合と同様に事前に書面で明示することが有効です。

B. 職員への個人情報保護に関する利用目的の通知、及び教育

患者さんに対しては個人情報に関する保護方針、利用目的、申し出、開示等を一括して院内掲示しているけど、職員に対して実施している医療機関は少ないような気がするわ。

具体的にどのような書面で通知すれば良いのかな。

本ガイドラインを参考にし、当院では雇用契約等の書面において、次のように職員等の個人情報の利用目的を通知しています。

【JMP病院の雇用契約書における通知文書（抜粋）】

(1) 応募及び雇用契約締結の際に記入いただいた氏名、生年月日、連絡先（住所、電話番号、メールアドレス等）は、人事労務管理に関わる社会保険、労働保険、源泉徴収等の諸手続を行う際に、当院の庶務課・経理課の職員がその目的の限りにおいて使用します。ただし、連絡先は、夜間や休日における緊急連絡のために所属部署等で使用します。
(2) 雇用契約締結の際に記入いただいたご家族等の氏名、住所、生年月日、電話番号等は、法令に基づく各種手続のほか、院内の給与規程に基づく各種手当の支給及びご本人に万一のことがあった際の緊急連絡先としてのみ使用します。
(3) 応募の際に記入いただいた職務経歴や適性検査、今後の人事考課結果は、院内での配置や人事異動を検討する際の資料として利用します。ただし、職務経歴や人事考課結果は給与計算等にも利用します。
(4) 健康診断結果は、健康確保に必要な範囲で利用します。

出典：厚生労働省「雇用管理分野における個人情報保護に関するガイドライン（事例集）」を基に作成

また、本ガイドラインでは、「利用目的の特定が不十分である例」として、「当社の事業活動に必要であるため」、「従業員情報を幅広に把握しておくため」を示しています。

当院も以前はそんな書きぶりだったよな。本ガイドラインに基づいて事務長が変更したわけだな。

当院の利用目的を再確認してスッキリしたことがあるわ。

それは何かな。

例えば、当院の看護師の携帯電話番号を庶務課が本人の同意を得ずに他部署の職員に漏らしたとするわよね。これは当然にルール違反だと思うのだけれども、院内に対しては第三者提供にはならないし、違反の根拠は何かしらと疑問だったわけです。

確かにそうだな。

当院の利用目的（1）には、「当院の庶務課・経理課の職員がその目的の限りにおいて使用」と記載されているわけだから、目的外利用でダメということね。

そうか。当院の各部署の緊急連絡簿に各個人の連絡先が記載されているが、「本人の同意を得ずに業務に関する緊急連絡以外の目的で本連絡簿を使用した場合、目的外利用として就業規則に基づいて処罰の対象となります」と記載されていることも同じだね。

その通りです。参考までに本ガイドラインには、「利用目的を本人に通知し、又は公表することにより本人又は第三者の生命、身体、財産その他の権利利益を害するおそれがある場合」等、「利用目的の通知等をしなくてよい場合」についても明記されています。

本ガイドラインでは従業者の教育については、どのように規定しているのかしら。

個人データ管理責任者及び個人データを取り扱う従業者に対し、「(1) その責務の重要性を認識させるために必要な教育及び研修の実施」、「(2) 具体的な個人データの保護措置に習熟させるために必要な教育及び研修の実施」を講ずることが努力義務として記載されています。

職員全体での個人情報保護研修は毎年開催しているが、職員等の個人情報を扱う庶務課や経理課に対する個別の研修は実施してい

ないよね。

はい。マイナンバー導入を機会とし、庶務課と経理課を対象にマイナンバーを含めた個人情報保護の個別研修会を実施する予定です。

C. 職員の個人情報の第三者提供、及び適正な取り扱い

患者さんの個人情報で一番神経を使った第三者提供について、職員の個人情報の場合も今一度確認したいな。

「本人の同意を得ずに第三者提供してはダメ」という事例は、どのようなものがあるのかしら。

本ガイドラインには、「第三者提供に該当する例」として、「出向が予定されている者についての個人データを、出向先に提供する場合」、「保険会社に対して、従業員の健康診断記録を提供する場合」、「職業紹介事業者（人材コンサルタント会社等）において、収入等を含む個人データを求人者（クライアント）に提供する場合」等が示されています。

逆に「第三者提供に該当しない例」としては、どのようなものがあるのかしら。

「データの打ち込みや給与計算等、情報処理を委託するために個人データを渡す場合（理由：「委託」に当たるため）」、「出向等に対応するため、グループ会社において従業員情報を共有する場合（理由：「共同利用」に当たるため）」、「使用者と労働組合等において、従業員情報を共有する場合（理由：「共同利用」に当たるため）」等が示されています。

採用活動の際の応募者の個人情報の取り扱いが、いつも気になるのだけれども…。

第4話　マイナンバー導入で改めて問われる職員の個人情報保護対策

本ガイドラインでは、「適性検査の結果のような機微にふれる情報を含み得るため、当該情報が漏洩した場合には本人に大きな損害を与える可能性があります。また、不採用者の個人情報等は現に雇っている労働者の個人情報と比較して、その保護が不十分となるおそれがあります」として留意点が示されています。

当院で対応が必要なポイントをお願いします。

利用目的を採用応募者本人に公表する場合、ホームページに掲載すれば足りるものではなく、採用応募に関する文書の中に明記する等、本人に内容が確実に伝わるような媒体を選ぶなどの配慮を行わなければならないことが示されています。

確かに患者さんに対してもホームページのみならず、院内掲示等の複数の媒体で公表しているものね。ところで、不採用者の個人情報等は、どうすればいいのかしら。

写しも含め、その時点で返却、破棄又は削除を適切かつ確実に行うことが求められています。利用目的達成後も保管するのであれば、目的外利用は許されておらず、その後も継続して安全管理措置を講じなければならないことが示されています。

安全管理措置を講じれば、保管し続けてもいいわけね。

はい。その点は退職者の個人情報等についても同じです。労働基準法等で保存期間が定められている賃金台帳等は、当該期間は必ず保管しなければなりませんが…。また、退職者の転職先又は転職予定先を第三者に提供する場合、あらかじめ本人の同意を得なければならないことも示されています。

当院では退職時に本人に確認しているよね。それから、職員の健康診断結果は重要な個人情報なので対応が気になるのだが、どう

35

なっているのかな。

「雇用管理に関する個人情報のうち健康情報を取り扱うに当たっての留意事項について（平成27年11月30日通達）」の中で、健康情報の取り扱いについて事業者が留意すべき事項が示されています。

当院のような事業者が健康情報を取り扱うに当たっての基本的な考え方はあるかな。

本通達では、「(1) 健康情報は労働者個人の心身の健康に関する情報であり、本人に対する不利益な取扱い又は差別等につながるおそれのある機微な情報であるため、事業者は健康情報の適正な取扱いに特に留意しなければならない」、「(2) 健康情報は、労働者の健康確保に必要な範囲で利用されるべきものであり、事業者は、労働者の健康確保に必要な範囲を超えてこれらの健康情報を取り扱ってはならない」と示されています。

健康情報を適正に取得するために留意すべき点は何かしら。

法令に基づく場合を除き、労働者の健康情報を取得する場合、あらかじめ本人に利用目的を明示し、本人の同意を得ることが示されています。ただし、「自傷他害のおそれがあるなど、労働者の生命又は身体の保護のために緊急に必要がある場合はこの限りではない」とされています。

職員の健康診断結果は本人の同意がない場合、当院は取得できないということかしら。

いいえ。健康診断は労働安全衛生法に基づく事業者の健康診断実施義務を遂行する行為ですから、「法令に基づく場合」に該当し、本人の同意を得なくても第三者提供の制限は受けません。本人の同意が必要なのは、健康診断結果以外の健康情報を取得する場合

の話です。

「HIV感染症やB型肝炎等の職場において感染したり、蔓延したりする可能性が低い感染症に関する情報や、色覚検査等の遺伝情報については、職業上の特別な必要性がある場合を除き、事業者は、労働者等から取得すべきでない」という留意点も示されていたね。

平成27年11月の通達ということは、ストレスチェックについても言及しているのかしら。

その通りです。平成27年12月1日に改正労働安全衛生法が施行され、常時50人以上の労働者を使用する事業場においては、ストレスチェック制度の導入が義務化されました。本通達の改正労働安全衛生法に基づくストレスチェックによる個人情報の取り扱いの留意点を抜粋したものが下表です。

1．適正な取得に関する事項

　ストレスチェックを実施した医師、保健師その他の者（以下「実施者」という。）は、労働者の同意を得ないでストレスチェック結果を事業者に提供してはならないこととされており、事業者は、実施者又はその他のストレスチェックの実施の事務に従事した者（以下「実施事務従事者」という。）に提供を強要する又は労働者に同意を強要する等の不正の手段により、労働者のストレスチェックの結果を取得してはならない。

2．安全管理措置及び従業者の監督に関する事項
● 個人のストレスチェック結果を取り扱う実施者及び実施事務従事者については、あらかじめ衛生委員会等による調査審議を踏まえて事業者が指名し、全ての労働者に周知すること。
● ストレスチェック結果は、詳細な医学的情報を含むものではないため、事業者は、その情報を産業保健業務従事者以外の者にも取り扱わせることができるが、事業者への提供について労働者の同意を得ていない場合には、ストレスチェックを受ける労働者について解雇、昇進又は異動（以下「人

事」という。）に関して直接の権限を持つ監督的地位にある者に取り扱わせてはならない。また、事業者は、ストレスチェック結果を労働者の人事を担当する者（人事に関して直接の権限を持つ監督的地位にある者を除く。）に取り扱わせる時は、労働者の健康確保に必要な範囲を超えて人事に利用されることのないようにするため、次に掲げる事項を当該者に周知すること。
  (a) 当該者には秘密の保持義務が課されること。
  (b) ストレスチェック結果の取り扱いは、医師等のストレスチェックの実施者の指示により行うものであり、所属部署の上司等の指示を受けて、その結果を漏らしたりしてはならないこと。
  (c) ストレスチェック結果を、自らの所属部署の業務等のうちストレスチェックの実施の事務とは関係しない業務に利用してはならないこと。
● インターネットやイントラネット等の情報通信技術を利用してストレスチェックを実施する場合は、次に掲げる事項を満たす必要があること。
  (a) 個人情報の保護や改ざんの防止等のセキュリティの確保のための仕組みが整っており、その仕組みに基づいて個人の結果の保存が適切になされていること。
  (b) 本人以外に個人のストレスチェック結果を閲覧することのできる者の制限がなされていること。

3. 本人の同意に関する事項

● 事業者は、ストレスチェックの実施に当たって、外部機関にストレスチェックの実施を委託する場合には、ストレスチェックの実施に必要な労働者の個人情報を外部機関に提供する必要がある。この場合において、当該提供行為は、労働安全衛生法に基づく事業者の義務を遂行する行為であり、「法令に基づく場合」に該当することから、本人の同意を得なくても第三者提供の制限は受けない。
● あらかじめストレスチェックを受けた労働者の同意を得ないで、その結果を事業者に提供してはならないこととされている。このため、外部機関が、あらかじめ本人の同意を得ないで、委託元である事業者に対してストレスチェック結果を提供することはできない。さらに、ストレスチェックの結果の通知を受けた労働者であって、厚生労働省令で定める要件に該当するものが申し出たときは、事業者は、面接指導の実施が義務付けられている。事業者がこの義務を遂行するためには、当該労働者が厚生労働省令で定め

る要件に該当するかどうかを確認するために、労働者にストレスチェックの提出を求めるほか、ストレスチェックを実施した外部機関に対してストレスチェック結果の提供を求めることも考えられるが、労働者の申出は、事業者へのストレスチェック結果の提供に同意したとみなすことができることから、事業者の求めに応じて外部機関が事業者にストレスチェック結果を提供するに当たって、改めて本人の同意を得る必要はない。なお、事業者が、面接指導を委託するために必要な労働者の個人情報を外部機関に提供し、また、外部機関が委託元である事業者に対して労働者の面接指導の結果を提供することは、健康診断等の場合と同様に、安衛法に基づく事業者の義務を遂行する行為であり、「法令に基づく場合」に該当し、本人の同意を得なくても第三者提供の制限は受けない。この場合において、本人の同意を得なくても第三者提供の制限を受けない健康情報には、面接指導の実施に必要な情報として事業者から当該外部機関に提供するストレスチェック結果も含まれる。

出典：厚生労働省「雇用管理に関する個人情報のうち健康情報を取り扱うに当たっての留意事項について（平成27年11月30日通達）」から抜粋

ストレスチェック結果を取り扱う実施者や実施事務従事者について、当院ではすべての職員に周知していないよね。

はい。決定次第、速やかに周知します。

面接指導対象者以外のストレスチェックの結果は本人の同意なくして当院が取得してはならないわけね。間違った対応をしてしまう医療機関もありそうね。当院を含め、多くの医療機関がストレスチェックを実施するのは平成28年が初めてになるので要確認ね。

当院はストレスチェック結果の事務を庶務課の一人に担当させることにしていますが、所属長にも結果を漏らしてはならないということまでは踏み込んでいないため、誓約書を作成して徹底していきます。

マイナンバー導入を機会とし、職員の個人情報保護対策も強化が必要だね。

第2章で確認するマイナンバーの実務と併せて体制を再整備することにしましょう。

今回のポイント

- 「雇用管理分野における個人情報保護に関するガイドライン」に基づいて職員等の個人情報の取り扱いを再確認する必要性は高い。例えば、職員や応募者に対しても取得する個人情報の利用目的を具体的に通知(あるいは事前公表)しなければならない。
- 退職者の転職先や転職予定先は、本人の同意を得ずに第三者に提供してはならない。
- 労働安全衛生法に基づく健康診断の範囲を超えて労働者の健康情報を事業者が取得する場合、本人の同意が必要である。
- 個人のストレスチェック結果を取り扱う実施者及び実施事務従事者について、あらかじめ衛生委員会等による調査審議を踏まえて事業者が指名し、すべての職員に周知しなければならない。
- 面接指導対象者以外のストレスチェックの結果は、本人の同意なくして事業者は取得してはならない。

人事担当者必須の関連知識 ❷

Q 当該医療法人の職員を別の医療法人に出向させる場合、留意する点はありますか？

A. 単なる「人材や労働力の提供」を目的とする出向は法律違反となる！

　両法人で「出向契約書」を締結し、出向者に対しては「出向通知書兼同意書」を締結する必要があります（もしくは三者で「出向契約書」を締結）。労働者派遣を除き、当該職員と直接に雇用契約を締結せずに指示命令権を持てる方法が出向ですが、出向の目的が単なる「人材提供」、「労働力提供」（＝人的応援）である場合、偽装出向として行政から指摘を受ける可能性があります（職業安定法第44条の労働者供給事業の禁止に抵触）。

　一般に正当な目的を持った出向として認められるのは、①雇用確保のための出向、②経営指導や技術指導のための出向、③技術習得や業務経験等の能力開発のための出向、④企業グループ内の人事交流のための出向の四つです。

　出向者の給与の両法人の負担は、税務の考え方は「分相応の応益負担」です。すなわち、出向者は出向先で100％労務を提供している一方、支給される給与の大半は出向元が実質的に負担している場合、出向元において、出向先への無償の利益供与として寄附金・贈与の問題が発生します（「技術習得や業務経験等の能力開発のためであれば、認められるケースもある」）。

　出向先で100％労務を提供している場合、出向先は少なくとも自己の給与水準による給与の額を負担すべきであり、出向者が出向の条件として保証されている出向元の給与水準がそれより高い場合には、その差額は出向元又は出向先のどちらが負担してもよいとされています。

　なお、出向元に勤務しつつ、その一部を出向先で勤務するという一部出向という形態も可能です。この場合も「出向契約書」や「出向通知書兼同意書」は必要です。一部出向先と非正規職員として直接契約をすることも考えられますが、一部出向であれば、給与を1カ所でまとめて支払うことが可能です。ただし、労働時間の算定においては出向元と出向先の労働時間は通算される可能性が高く、時間外手当の支給に留意する必要があります。

第5話 新たな対応が求められる個人情報保護法の改正

　マイナンバーの概要を理解した院長は、個人情報との関係に着目する。そして、平成17年4月に全面施行された個人情報保護法は実質的に初めての改正がなされ、平成29年4月に施行される予定であることを知らされる。本話では、医療機関において新たな対応が必要となる改正個人情報保護法の具体的内容について確認する。

A. 改正個人情報保護法の概要

話はマイナンバーに戻るが、個人一人ひとりにそれぞれ異なる番号が付与されるわけだし、社会保障や税金の分野で活用されるわけなので、マイナンバーは極めて重要な個人情報のように思うのだが…。

その通りです。マイナンバーも個人情報です。

そういえば、改正個人情報保護法（以下、第5話では「改正法」という）が平成27年9月に成立したのよね。

はい。平成17年4月に全面施行されてから今回が実質的に初めての改正です。成立から2年以内に施行されることが決まっています。経済産業省等の関連パンフレットを見ると、平成29年4月に改正法が全面施行されるスケジュールであり、下表の改正点が掲載されています。

【個人情報保護法の改正のポイント】

1. 個人情報の定義の明確化	●個人情報の定義の明確化（身体的特徴等が該当） ●要配慮個人情報（いわゆる機微情報）に関する規定の整備
2. 適切な規律の下で個人情報等の有用性を確保	●匿名加工情報に関する加工方法や取扱い等の規定の整備 ●個人情報保護指針の作成や届出、公表等の規定の整備
3. 個人情報の保護を強化（名簿屋対策）	●トレーサビリティの確保（第三者提供に係る確認及び記録の作成義務） ●不正な利益を図る目的による個人情報データベース提供罪の新設
4. 個人情報保護委員会の新設及びその権限	●個人情報保護委員会を新設し、現行の主務大臣の権限を一元化
5. 個人情報の取扱いのグローバル化	●国境を越えた適用と外国執行当局への情報提供に関する規定の整備 ●外国にある第三者への個人データの提供に関する規定の整備
6. その他改正事項	●本人同意を得ない第三者提供（オプトアウト規定）の届出、公表等厳格化 ●利用目的の変更を可能とする規定の整備 ●取扱う個人情報が5,000人以下の小規模取扱事業者への対応

出典：経済産業省「改正個人情報保護法の概要と中小企業の実務への影響」

改正法への対応も今後は必要になるというわけか。マイナンバーとも関係がありそうなので、当院に影響を与える個人情報保護法の主な改正内容を確認することにしよう。

B. 医療機関に影響を与える改正点

まずは「個人情報の定義の明確化」があります。今までグレーゾーンにあった情報を個人情報として明確化しています。

具体的には何が該当するのかな。

指紋認識データ、顔認識データのような身体の一部の特徴をデータ化した文字、旅券番号、運転免許証番号、基礎年金番号等の個人に割り当てられた番号等です。これらは「個人識別符号」として、それ単体でも個人を特定できる個人情報であることが明確化されたのです。

マイナンバーも個人に割り当てられた重要な番号だから、「個人識別符号」に該当するわけね。

そのように解されています。新設された「個人識別符号」に具体的に何が該当するかについては、追って政令で示されることになっています。

改正法を見ると、「個人識別符号」は、①特定の個人の身体の一部の特徴を電子計算機のために変換した符号、②対象者ごとに異なるものとなるように役務の利用、商品の購入又は書類に付される符号の二つに大別されているね。

指紋認識データや顔認識データ等は、①に該当するわけね。

医療の性質上、生体の特徴を把握するのは本質であり、電子カルテによるそれらの保管も進んでいるため、①の個人識別符号を保有している医療機関は非常に多いよね。

その通りです。これらの情報が「個人識別符号」として個人情報であることが明確化されたのですから、医療機関の責任や対応は一層高まっていると言えるでしょう。

他の改正内容には何があるかな。

人種、信条、病歴、犯罪の経歴、犯罪被害歴等を含む個人情報を「要配慮個人情報」として、一般的な個人情報よりも大事に取り扱うべきであるということが定められました。

先ほどの「個人識別符号」の①は、「要配慮個人情報」でもあるわけだな。

具体的に何が該当するかについては、法律で例示されているほか、「個人識別符号」と同様に追って政令でも示されることになっているわね。

病歴は「要配慮個人情報」ということであり、医療機関で多く扱うので気になるな。「要配慮個人情報」については、今までの個人情報と扱い方が異なる点があるのかな。

はい。非常に重要な点です。「要配慮個人情報」は、原則として取得に際し、あらかじめ本人の同意が必要となります。

でも、患者さん本人から病歴等の情報を取得する場合、当然に本人の同意を得ていると考えられるので、今まで通りで問題はないわけよね。

そうだな。でもちょっと待てよ。急病で本人の意識がない場合、その家族から病歴を聴取することはダメということになるのか。

いいえ。例外的に本人の同意を得ることなく、「要配慮個人情報」を取得してよい場合についても下表の内容が改正法で定められています。本人の意識がなく、早急な治療が必要な場合は下表②に該当するため、問題はありません。

【本人の同意を得ないで要配慮個人情報を取得できる場合】

①法令に基づく場合
②人の生命、身体又は財産の保護のために必要がある場合であって、本人の同意を得ることが困難であるとき。
③公衆衛生の向上又は児童の健全な育成の推進のために特に必要がある場合であって、本人の同意を得ることが困難であるとき。
④国の機関若しくは地方公共団体又はその委託を受けた者が法令の定める事

⑤当該要配慮個人情報が、本人、国の機関、地方公共団体、保護法76条1項各号に掲げる者その他個人情報保護委員会規則で定める者により公開されている場合
⑥その他前各号に掲げる場合に準ずるものとして政令で定める場合

認知症で行為能力に問題がある場合も同様ね。

なるほど。しかし、本人から聴取できる場合、本人の同席なくして家族から聴取するのは違反になることも考えられるから、今後は特に注意が必要だね。

患者さんの意識があり、行為能力が認められる状況であれば、患者さんから事前に包括的な同意を得ることになると考えられます。

その際、取得できる家族をどのように限定するか、取得できる情報に限定を設けるか等については確認が必要だな。

はい。その点については、今後の指針やQ&Aで明らかになると思います。

改正前は個人情報保護法の適用から除外されていた事業者、すなわち過去6カ月以内のいずれの日においても保有する個人データの数が5,000以下の事業者についても、改正法では適用の対象になるのよね。

はい。今まで適用除外であった小規模なクリニック等についても、個人情報取扱事業者としての義務が課せられることになります。

利用目的の通知・公表、安全管理体制の構築等の体制を整備しなければならないわけね。

第5話　新たな対応が求められる個人情報保護法の改正

医療機関に影響を与える改正点はまだあるのかな。

まだまだあります。「トレーサビリティの確保」というのがあります。第三者から個人データ（体系化された個人情報の集合を構成する個々の個人情報）の提供を受ける際には、その第三者の氏名、住所等を確認するとともに、第三者がその個人データを取得するに至った経緯を確認することが求められる規定が新設されました。

第三者から個人データ（体系化された個人情報の集合を構成する個々の個人情報）とは具体的に何かね。

顧客名簿や職員名簿等をイメージすれば、わかりやすいと思います。企業から漏えいした情報が名簿屋等を通じて流通する実態に対応して新設された規定ですから。

逆に、第三者に対して個人データを提供する際にも、提供した年月日、提供先の氏名、住所等を記録し、保存する義務が規定されたわよね。

個人データを受け取る場合、やり取りする相手の氏名・名称等を確認するとともに、その相手がその情報をどのように取得したのかを必ず確認すること、メールでのやり取りについてはメール送受信時のログを活用することなど、具体的方法については今後明らかにされる予定になっています。

医療機関が外部から患者リストや職員名簿の提供を受けることも、外部に提供することも考えにくいので問題ないだろう。

はい。ただし、治験等において個人データを製薬会社や他医療機関に提供したり、提供を受けたりする場合、トレーサビリティの確保措置を講ずる必要があると考えられます。

匿名化していれば個人情報には該当しないので、トレーサビリティの確保措置は不要ではないのかな。

特にデータの内容が複雑になればなるほど、完全な匿名化は困難であるとの考え方もあるため、トレーサビリティの確保措置を講じておいた方がリスク回避できると考えられます。

そのあたりも今後の指針待ちだな。

不正な利益を図る目的による「個人情報データベース等提供罪」の新設もあったわよね。

「個人情報データベース等」とは何かね。

コンピュータを用いていてもいなくても該当します。例えば、電子カルテであろうが、紙カルテであろうが、五十音順に従って整理・分類し、目次・索引・符号等を付けて誰でも容易に検索可能な状態にしている場合は、「個人情報データベース等」に該当します。

それを外部に提供すると罪に問われるというわけだね。

はい。不正な利益を図る目的で個人情報データベース等を第三者に提供したり、盗用したりした場合、1年以下の懲役又は50万円以下の罰金に処せられることになりました。例えば、法人が組織ぐるみで実施すれば、法人の役員にも責任が課せられます。

医療機関が保有する個人情報は、市場での取引価値があることも十分に考えられる。不正な利益の誘惑に負けたときには刑事罰が待っていることを役員や職員にしっかり教育する必要があるね。

第5話　新たな対応が求められる個人情報保護法の改正

ここまでの内容からすると、改正法は今までよりも厳格化されたというイメージが強いけど、緩和された内容はないのかしら。

「匿名加工情報」という新しい概念が新設されています。改正法では、「個人情報に含まれる記述の一部を削除するか、個人識別符号を全部削除する方法によって、特定の個人を識別することができないように加工し、かつ、識別性を復元できないようにしたものをいう」と定義されています。

その「匿名加工情報」の扱いについて、改正法はどのように規定しているのかな。

ご存知のように個人情報については、事業者は安全管理措置を講ずる義務があり、第三者に提供する場合は原則として本人の同意が必要です。一方、匿名加工情報については、安全管理措置は努力義務となり、第三者に提供する場合、本人の同意は不要となっています。

つまり、匿名加工情報は個人の識別性が払拭されているので個人情報ではないということね。改正前の個人情報保護法でも個人を識別できない形であれば、個人情報でないのだから、本人の同意がなくても第三者提供することは禁じられていないわよね。

その通りです。しかし、今までは個人情報を不適切に扱ってしまわないかという不安が事業者と利用者の両者にあり、ビッグデータ（事業に役立つ知見を導出するためのデータ）としての有効活用を躊躇している場合もあったのです。

そうだね。匿名化を行ったとしても提供元において個人識別性の復元が可能である以上、提供先でそれが不可能であるとしても、個人情報に該当するのではないかという懸念もあったよね。

その通りです。そのため、改正法では匿名加工情報の取り扱いについて、提供先及び提供元で匿名加工情報から元の情報に戻す行

為を法的に禁止することにより、個人情報を保護するという枠組みを構築しているのです。

ビッグデータを有効活用するために本人の同意を不要とする「匿名加工情報」という概念を新設した経緯として、過去に問題になった事例があったのかしら。

駅のマーケティング資料を作成するため、大手交通系企業が乗降履歴情報を個人情報保護法に抵触しない形（個人を識別できない形）でデータ分析企業に販売した事例がありました。この時に本当に個人情報保護法に抵触していないのかという顧客の不安が噴出したのです。

そのような不安を払拭するために、個人を特定できないよう個人情報を加工した情報を「匿名加工情報」として、匿名加工情報から個人情報に戻す不可逆性を禁止する枠組みを作ったというわけね。

医療機関では、どのような事例が考えられるかな。

例えば、診療記録はその患者さんの診療を行った医療機関が取得しますが、研究開発では診療記録をその医療機関だけでなく、大学や製薬会社等と共有することが考えられます。

なるほどね。確かに今までは外部情報との照合により、患者さんを特定できる可能性はゼロではないことから、診療記録も何らかの加工が求められることになり、詳細な診療記録を研究開発では利用しにくいという問題があったよね。

厚生労働省の「医療・介護関係事業者における個人情報の適切な取扱いのためのガイドライン」では、匿名化の条件として、「当該個人情報から、当該情報に含まれる氏名、生年月日、住所等、個人を識別する情報を取り除くことで、特定の個人を識別できな

いようにすることをいう。顔写真については、一般的には目の部分にマスキングすることで特定の個人を識別できないと考えられる。なお、必要な場合には、その人と関わりのない符号又は番号を付すこともある」と規定されていますけどね。

一方、匿名加工情報の枠組みを利用できれば、患者さんの氏名や保険番号等の削除は必要ですが、仮に外部情報との照合により、個人の特定につながる情報が診療記録に含まれていても、その診療記録をそのまま同意なしで第三者提供ができるようになる可能性が高くなります。加工方法等は、今後において政令で定められることになるでしょう。

医療福祉の連携にも効果を発揮しそうだね。

その通りです。しかし、今のままでは大きな問題が残っているのです。

それは何かな。

個人情報の取り扱いを定めている法令は、個人情報保護法だけではないのです。民間医療機関には個人情報保護法が適用されますが、国立の医療機関は独立行政法人等個人情報保護法、県立の医療機関は各県の個人情報保護条例、市町村立の医療機関は各市町村の個人情報保護条例の適用を受けています。

自治体の個人情報保護条例はいくつくらいあるのかしら。

都道府県、市町村、東京23区、広域連合にそれぞれ条例があり、合計で約2,000個が存在しています。改正法により、「匿名加工情報」の活用に期待が高まっているのですが、医療福祉データに関して民間医療機関と公立医療機関との連携を模索しようとすれ

ば、各自治体の条例レベルで「匿名加工情報」が導入されない限り、連携の障害になってしまうのです。

それに関する提言もあったわよね。

新経済連盟は、平成27年4月の提言書「マイナンバー制度を活用した世界最高水準のIT国家の実現に向けて」の中で、「医療・介護・健康分野へのマイナンバー制度の利活用拡大をさらに進めていくためには、個人情報保護に関して2,000近い法令(自治体、政府機関、独立行政法人等)をひとつの法令等に統合することも検討しないといけない」と指摘しています。

「2,000個問題」が官民連携の弊害になっているということだね。しかし、既に匿名加工情報を利用して地域医療機関の医療情報データベースを構築している事例があったはずだが…。

はい。内閣官房が実施した各自治体等へのヒアリング調査等により、平成24年度現在で計画中や構築中を含んで161件が「地域医療連携ネットワークの事例」としてリストアップされています。

具体的な事例を教えてくれないかね。

例えば、三重県、三重大学病院、地域の中核病院が連携・協力し、患者さんの理解のもとに参加医療機関の医療情報データをサーバセンターに登録している「Mie-LIP DB事業」があります。

その事業の目的と仕組みはどのようなものかな。

災害で医療情報データが失われて適切な医療を受けることが困難な場合、サーバセンターに登録している医療情報データを使用して適切な医療を継続することです。また、病院機能が失われた場合、災害拠点病院で今までの医療を継続できるように、医療情報

第5話　新たな対応が求められる個人情報保護法の改正

データを送付して診療に役立てるとしています。

これは個人情報そのものだよね。

はい。ゆえに、サーバセンターに医療情報データを登録することは診療記録等の外部保存に当たるため、サーバセンターは厳重な管理体制を整備する必要があります。

厚生労働省の「医療情報システムの安全管理に関するガイドライン」が平成20年3月に改正され、専門の民間情報処理事業者が管理することで個人情報漏えい等のリスクを低減することが可能になると指摘され、医療情報の外部保存が認められた経緯があるよね。

はい。そして、利用目的として通知して委託先のサーバセンターに保管している限り、個人情報の第三者提供の問題はクリアできます。

わかったぞ。改正法が施行された後においても、病歴等の医療情報は要配慮個人情報として本人の同意のない第三者提供は禁止される。しかし、大規模災害時における医療情報データの提供は、人の生命、身体又は財産の保護のために必要があるという例外に該当するため、「本人の同意を得る必要はない」ということで他の医療機関に要配慮個人情報を提供できるわけだね。

東日本大震災で医療情報データが失われたために、適切な医療を受けることが困難となる問題が発生したことが教訓になっているようね。

その通りです。また、もう一つの目的として、平常時において、集めた医療情報から患者さん個人を特定できるような個人情報（名前や住所）を削除し、匿名化データベースを用いて医療の向上のための研究に役立てるとしています。

53

先進的な事例ですね。改正法が施行されれば、このような利用に関しての患者さんの不安は、さらに払拭されることになるわね。

詳細は URL（http://www.mie-cts.net/top/mie-lip.htm）等で閲覧できますので、ご確認下さい。改正法を視野に入れた Q&A も掲載されています。

改正法で他に留意すべき点はあるかな。

改正前は通知・公表した利用目的を変更するためには、変更前後の利用目的間に「相当の」関連性が求められていたのですが、改正後は「相当の」が削除され、単なる関連性のみが求められることになっています。

利用目的が変更しやすくなったわけね。

改正法の「個人情報保護委員会の設置」も重要です。今まで個人情報保護に関するガイドライン作りや助言・指導・監督は、業界ごとの監督官庁が行ってきました。

医療機関は、厚生労働省の「医療・介護関係事業者における個人情報の適切な取扱いのためのガイドライン」に従ってきたよね。

はい。しかし、規制が縦割りになって横断的な案件に対応できないこと、監督官庁がない業界が隙間に落ちるといった弊害が指摘されていました。そこで、統一的かつ網羅的な個人情報保護に関するコントロールセンターを置き、立入検査等の強力な監督権限を与える趣旨で公正取引委員会や国家公安委員会と並ぶ内閣府の外局として個人情報保護委員会が平成 28 年 1 月に設置されたのです。先述した現在はバラバラになっている行政、独立行政法人、民間の個人情報の取り扱いを統一する役割も期待されています。

そうなると、厚生労働省が出しているガイドラインやQ&Aは、今後はどうなるのかしら。

今回の改正では、このような中央集権的な規制に加え、業界ごとの民間主導のきめ細かなコントロールも目指すことになっています。そのため、所管官庁ではなく、認定個人情報保護団体が指針作りを行い、それを個人情報保護委員会に届け出ること、個人情報保護委員会がそれを公表することが予定されているのです。

医療機関の認定個人情報保護団体は、社団法人全日本病院協会だったよね。

はい。平成18年2月に「個人情報保護法」に基づく「認定個人情報保護団体」として厚生労働大臣から認定を受けています。医療機関の改正法に関する指針等も個人情報保護委員会を通じて公表されることになるでしょう。

既にマイナンバーについては、「特定個人情報の適正な取扱いに関するガイドライン（事業者編）」（平成26年12月11日〈平成28年1月1日一部改正〉）が個人情報保護委員会から公表されているわね。

はい。本ガイドラインが特定個人情報に関する基本ルールであり、当院の体制整備に活用しています。

C. 番号法と個人情報保護法の関係

そもそも、番号法と個人情報保護法の関係はどうなっているのかな。

番号法は個人情報保護法の特別法です。ゆえに、番号法はマイナンバーをその内容に含む個人情報を「特定個人情報」と規定し、特別のルールで保護しています。

「特別法は一般法に優先する」と中学校で習ったわ。

はい。例えば、事業者と労働者との労働契約は民法の雇用の規定よりも、その特別法である労働基準法や労働契約法が優先して適用されるのと同じです。

だから、われわれは人事労務のマネジメントについては民法ではなく、労働基準法や労働契約法をまずは確認するわけだよね。

その通りです。ゆえに、マイナンバー等の番号法で規定されている特定個人情報は、一般の個人情報以上に厳格に保護措置を講じる必要があるため、番号法で特別のルールが規定されているのです。

それでは、マイナンバー等の特定個人情報については、番号法に基づいて対応すれば完璧というわけだね。

いいえ、そうとも言えません。番号法では個人情報保護法に言及している箇所が多々あります。先述したようにマイナンバーも個人情報なので、番号法と個人情報保護法の二つをしっかり理解して対応する必要があります。

難しそうだね。

番号法は、①目的外利用の禁止、②第三者への提供の制限、③委託、④罰則等の規定が個人情報保護法より厳格になっています。第2章で具体的にマイナンバーの実務を確認していくことにしましょう。また、個人情報保護法では死亡した人の個人情報は対象になりませんが、番号法では死亡した人のマイナンバーも保護の対象になるので注意が必要です。

第5話 新たな対応が求められる個人情報保護法の改正

今回のポイント

- 平成29年4月の全面施行が予定されている改正個人情報保護法に対し、医療機関は対応すべき重要な点がある。例えば、要配慮個人情報への対応、トレーサビリティの確保、匿名加工情報の活用等がある。
- 小規模な民間のクリニックも改正個人情報保護法の適用となる。
- マイナンバーは特定個人情報として番号法で特別のルールで規定されており、個人情報保護法の適用も受ける。
- 個人情報保護法では死亡した人の個人情報は対象にならないが、番号法では死亡した人のマイナンバーも保護の対象になる。

人事担当者必須の関連知識 ❸

Q マイナンバー制度で「個人番号利用事務実施者」と「個人番号関係事務実施者」という言葉を聞きますが、それぞれ誰が該当するのでしょうか？

A. 主に行政機関が「個人番号利用事務実施者」、事業者が「個人番号関係事務実施者」に該当する！

「個人番号利用事務」とは、行政等が保有する特定個人情報ファイルにおいて個人情報を検索して管理するために必要な範囲に限定して、マイナンバーを利用して処理する事務のことです。国民健康保険法や厚生年金保険法による年金給付の支給に関する事務を処理する厚生労働大臣、租税徴収のための税務当局の内部事務を処理する国税庁長官、健康保険給付の支給に関する事務を処理する健康保険組合等、主に行政機関が「個人番号利用事務」を行います。番号法では、これらの実施主体を「個人番号利用事務実施者」と規定しています。

一方、「個人番号関係事務」は、個人番号利用事務に関して行われる他人のマイナンバーを利用する事務のことです。職員等のマイナンバーを給与所得の源泉徴収票、支払調書、健康保険や厚生年金保険の被保険者資格取得届等の書類に記載して行政機関や健康保険組合等に提出する事務が該当します。主に事業者が「個人番号関係事務」を行うわけであり、番号法では、これらの実施主体を「個人番号関係事務実施者」と規定しています。

事業者以外にも税の年末調整に際して事業者に提出する扶養控除等申請書は、本質的には職員が扶養家族のマイナンバーを取得して申告書を作成する義務を負うため、このような場合、職員は「個人番号関係事務実施者」に該当します。

また、「個人番号利用事務実施者」や「個人番号関係事務実施者」には、当該事務の一部でも委託を受けた者も含まれます。そのため、「個人番号関係事務実施者」である事業者から確定申告書作成の委託を受けた税理士、社会保険関係の手続の委託を受けた社会保険労務士等は、「個人番号関係事務実施者」となります。一方、確定年金企業年金法によって老齢給付金や脱退一時金の給付を行う事業主については、民間事業者であっても「個人番号利用事務実施者」となります。

第2章
マイナンバーの実務

第6話 マイナンバー取得の際の注意点①
（利用目的の通知・公表）

　医療機関や職員が番号法に違反した場合の罰則について院長は理解し、マイナンバー制度にJMP病院がしっかり対応できているか、具体的な確認を指示する。第2章では、内閣官房や個人情報保護委員会等の公表資料を活用し、マイナンバーの実務について医療機関における具体的な場面やツールも想定しつつ、確認する。本話では、マイナンバー取得の際に必要な職員等に対する利用目的の通知・公表、利用目的の範囲や目的外利用の禁止について確認する。

A. 番号法違反に対する措置

当院のような事業者や職員が番号法に違反した場合、どうなるのかな。

番号法は個人情報保護法よりも罰則の種類が多く規定されており、その刑事罰も厳しくなっています。

最も重い刑事罰は何かな。

個人番号利用事務等に従事する者が、正当な理由なく、特定個人情報ファイルを提供した場合、4年以下の懲役又は200万円以下の罰金、あるいはその両方が課せられます。また、個人番号利用事務等に従事する者が不当な利益を図る目的で個人番号を提供又

は盗用した場合、3年以下の懲役又は150万円以下の罰金、あるいはその両方が課せられます。

個人情報と同様にマイナンバーが漏えいした場合、民事において損害賠償を請求される可能性もあるし、事業者の信用が低下し、事業運営が難しくなることも考えられるわね。

当院はマイナンバー制度にしっかり対応できているか、具体的に確認していくことにしよう。

B．マイナンバーの収集・保管

まずは（第6話〜第9話）、マイナンバー取得の際の注意点を確認していくことにしましょう。原則として他人の特定個人情報の収集や保管は禁止されています。

「特定個人情報」とは、番号法の規定でマイナンバーをその内容に含む個人情報のことだったな。

そうでしたね（⇒「特定個人情報」と「マイナンバー」の区別は意識せずに本書は読み進めて下さいね！）。ところで、「他人」とは自分以外のことかしら。

そうではありません。自分と住民票上の世帯が同じである者以外の者が番号法での「他人」です。平成28年1月からマイナンバーが記載された住民票の取得が可能になっていますので…。

公開が前提の法人番号とは真逆ね。

特定個人情報の収集や保管を広く認めると、その不法な提供や盗用のリスクが高まるからです。今までの個人情報と異なり、仮に本人等の同意があったとしても、マイナンバーを収集することはできないことに留意しなければなりません。

「収集」とは、どこまでが該当するのかな。メモやコピーを取るぐらいはいいのかな。

見るだけなら収集になりませんが、メモやコピーは収集に該当します。相手方から特定個人情報を含んだ印刷物やデータの交付を受けることはもちろん、その印刷物のコピーを取ったり、データを自分のパソコンやUSBメモリに複写したりする行為も「収集」に該当します。

そうすると、当院の職員の社会保険や税金の手続き等を行う場合、マイナンバーが必要になるという話だったが、庶務課や経理課はどうするのかな。

それは大丈夫です。番号法は、当院のような事業者がマイナンバー関係事務等を処理するために必要があるときに限定し、マイナンバーの収集を認めています。

職員からマイナンバーを取得（収集）する際、何か事前に準備しておくことはあるのかな。

利用目的の通知・公表ですね。

C. マイナンバーの利用目的の通知・公表の実務

個人情報保護法では公表や通知を行った利用目的の範囲を超えて個人情報を利用する場合、本人の同意があれば可能になっているわね。また、法律に規定がある場合等、例外的に利用目的以外の利用が認められているわ。

それに対し、番号法は、マイナンバーの利用範囲を社会保障や税金等に関する特定の事務に限定しているのです。そして、収集と同じく、本人の同意があっても目的外利用は原則できません。

第6話　マイナンバー取得の際の注意点①（利用目的の通知・公表）

「本人の同意があっても目的外利用は原則できない」というのは、そもそもマイナンバーの利用が社会保障や税金等の分野に限定されているからだね。

でも、原則ということは、番号法でも目的外利用が例外的に認められるケースはあるわけね。

あるのですが、極めて限定されています。①大規模な地震や豪雨等の激甚災害が発生して金融機関等が金銭を支払うためにマイナンバーを必要とする場合、②人の生命、身体又は財産の保護のために必要があって本人の同意を得ることが困難である場合の二つのみです。

かなり限定されているね。当院としては、社会保障と税金の分野におけるマイナンバー関連事務の利用目的を明確にし、その範囲でマイナンバーを利用すれば良いわけだな。

はい。そのため、収集するマイナンバーの利用目的をできる限り特定し、職員及びその扶養親族に対し、下記の「個人番号利用目的通知と提出のお願い」を交付しました。

　　　　　　　　　　　　　　　　　　　　　平成 27 年 12 月 25 日
職員及び扶養親族様

　　　　　　　　　　　　　　　　　　　　医療法人 JMP 病院
　　　　　　　　　　　　　　　　　　　　　院長　●●●●

　　　　　個人番号（マイナンバー）利用目的通知と提出のお願い

　番号法（行政手続きにおける特定の個人を識別するための番号の利用に関する法律）の施行に伴い、当院は貴殿から提供を受けた個人番号について以下の目的に限定して利用することを通知します。

　（1）源泉徴収票作成義務

(2) 扶養控除等（異動）申告書、保険料控除申告書兼給与所得者の配偶者特別控除申告書作成事務
(3) 健康保険・厚生年金保険関係届出、申請、請求及び証明書作成事務
(4) 雇用保険・労災保険関係届出、申請、請求及び証明書作成事務
(5) 退職所得に関する申告書作成事務
(6) 国民年金第3号被保険者の届出に関する事務
(7) 財産形成住宅貯蓄・財産形成年金貯蓄に関する申告書、届出書及び申込書作成事務

　また、上記以外の内容で個人番号の利用が必要となった場合、その利用目的について改めて通知します。

　当院では、個人番号の取り扱いは庶務課・経理課の担当職員のみに限定して閲覧・利用し、保管や廃棄等の運用においては番号法を遵守することを誓約します。

　つきましては、「個人番号」の確認を行うために下記のいずれかの写しを庶務課●●・●●に提出して下さい。

(1) 個人番号の「通知カード」
(2) 個人番号カード
(3) 個人番号の記載された住民票

注）(2) 個人番号カードの写しを提出される方で身元確認を要しない場合は、裏面のみの写しで構いません。また、身元確認を要する場合、臓器提供意思表示欄等が写らないようにするため、表面は交付時に渡されたカードケースに入れたままでコピーする等の方法でお願いします。

利用目的は院内のイントラネットや取り扱い規程に記載して事前に公表しているので、各職員等に対する通知書の交付までは必要ないのではないのかしら。

第6話　マイナンバー取得の際の注意点①（利用目的の通知・公表）

厳密には、イントラネットや取扱規程への記載だけでは不十分なのです。

それはどうしてかね。

職員の扶養親族のマイナンバーについては、職員が代理人として事業者（庶務課）に提出するわけですが、利用目的の通知は原則としてマイナンバーの持ち主（本人）である扶養親族に対して行う必要があるからです。

だから、内部的連絡手段であるイントラネットのみならず、通知書も追加したわけね。

ところで、利用目的について職員の同意を得る必要はないのかね。

マイナンバーの利用目的については、本人の同意を得る必要はありません。

どうして断言できるのかね。

内閣官房のマイナンバーや個人情報保護委員会のホームページに掲載されている「事業者に役立つQ&A」等で確認していますので…。これらは、院内のマイナンバー対応を構築するのに参考になります。

さすが事務長。ところで、本通知書の利用目的の全項目が現行において利用されているわけではないようだが…。

マイナンバーの記載については、平成28年1月1日分から必要な書類と、平成29年1月1日分から必要な書類があります。

健康保険・厚生年金保険被保険者資格取得届・喪失届等は、平成29年1月1日分からだったわよね。

はい。利用目的を超えての利用はできませんし、利用目的の変更（追加含む）は元の利用目的と関連性を有する場合にのみ認められています。そのため、関連性を有するとは言えない場合には、利用目的の変更に当たって本人の同意を取得する必要があり、労力を要します。

そのため、今後発生が予想される事務等も通知書やイントラネット等に記載しているわけね。

以前（第4話）、話題にした、職員等に示している個人情報の利用目的と区別して通知等を行う必要があるのかな。

区別して通知する法的義務はありません。区別しているのは、各通知の必要時期が異なっていたことが大きな原因です。また、マイナンバーの利用範囲は番号法で限定されているため、その利用範囲を超えて利用目的を公表・通知しないように留意しなければなりません。

D. マイナンバーの目的利用と目的外利用の区分

マイナンバーの目的利用と目的外利用の線引きがわかりにくいよね。

同感です。例えば、収集したマイナンバーを特定個人情報ファイルに登録し、登録結果を確認する目的でマイナンバーをその内容に含む情報をプリントアウトしたらどうかしら。

同じように、個人番号関係事務を処理する目的で特定個人情報ファイルに登録済のマイナンバーを照会機能で呼び出してプリントアウトしたらどうだろう。

プリントアウトした印刷物の取り扱いに留意しなければなりませんが、いずれも個人番号関係事務の範囲内での利用と解されます。一方、個人番号関係事務以外の業務を処理する目的（例えば職員

はい。入職時に運転免許証等で②身元確認を行っていることが条件です。入職時から他人になりすましている可能性もゼロではありませんから。

確かに大病院のように庶務課の担当者がすべての職員の顔と名前を把握できていない場合は別として、同じ職場で顔と名前が一致している職員に改めて身分証明書を求めるというのもおかしな感じだよね。

そうです。実務上の手続きの煩雑性を考慮してくれているのでしょう。しかし、イントラネット等のオンラインによる提供の場合は、なりすましの可能性もあり、本人であるかどうかを知覚によって確認できないため、②身元確認の省略はできません。

職員は通知カードや個人番号カードの写しを庶務課に提出したわけだけれども、庶務課ではこれを保管しているのかしら。

保管しています。しかし、身元確認をした場合の運転免許証等の写しも同じなのですが、写しを保管することは義務づけられていません。保管する場合は安全管理措置を適切に講じることが求められていますが、必要な手続きを行った後に本人確認書類が不要となった段階で速やかに破棄することが推奨されています。

医療法人や財団法人等の医療機関においては、本部と事業所に分かれている場合も多いが、どちらで本人確認を実施すべきなのだろうか。

どちらで行っても構いません。また、マイナンバーの収集者と本人確認実施者が異なっても構いません。ただし、事業所でマイナンバーを収集した後、本部にこれを受け渡す場合、念のためにコピーをとって保管しておこうと考える事業所もあるかもしれませんが、情報漏えいを防ぐため、このような行為を禁止することも必要です。

D. 職員の扶養家族の本人確認

次に職員がその扶養家族の代理人としてマイナンバーを当院に提出するケースもあるわね。この場合、当該職員を通じて当院はその提供を受けることになるわね。

その通りです。この場合、事業者である当院が扶養家族の本人確認を行わなければならないのかどうか、各届出によって異なるのでややこしいのです。

何がややこしいかもわからんな。

各届出によって扶養家族のマイナンバーの提供が誰（当院か、職員か）に義務づけられているかによって異なるのです。

当院ではないのかしら。

当院ばかりでなく、職員の場合もあるのです。例えば、給与所得者に係る年末調整の扶養控除等申告書や社会保険の被扶養者届等については、職員が当院に対してその扶養家族のマイナンバーの提供を行うこととされているため、職員は扶養家族の本人確認を行う必要があります。一方、当院は扶養家族の本人確認を行う必要はありません。

職員がその扶養家族の②身元確認も行うのか。同居の家族であれば確認するまでないよね。

その通りです。知覚等によってマイナンバーの提供を行う者が本人であることが明らかな場合、②身元確認は省略できるようになっています。

第7話 マイナンバー取得の際の注意点②（本人確認）

そうすると、給与所得者に係る年末調整の扶養控除等申告書や社会保険の被扶養者届等については、職員の扶養家族のマイナンバーについて、「通知カード」、「個人番号カード」、「個人番号の記載された住民票」のいずれかの写しを当院に提出してもらえばOKだな。

逆に当院が扶養家族の本人確認を行う必要がある場合とは何かしら。

国民年金の第3号被保険者の届出では、職員の配偶者（第3号被保険者）本人が当院に対して届出を行う必要があります。そのため、当院が当該配偶者の本人確認を行う必要があるのです。

でも、おそらく職員が配偶者に代わって当院に届出をすることになるわよね。配偶者が扶養の範囲内において当院でアルバイトでもしていない限り、直接受け取ることは不可能だし。

はい。マイナンバー所有者本人による直接の提供が難しい場合、代理人（職員）を通じて提供することを番号法は認めています。そうなると、職員が配偶者の代理人としてマイナンバーを提供することになりますので、当院は代理人（職員）に対して当該配偶者の本人確認を行う必要があります。

その場合は何を提出してもらうのかな。職員本人の場合、①番号確認、②身元確認の二つであったが…。

代理人として職員からマイナンバーの提供を受ける場合、①本人（職員の扶養家族）のマイナンバー、②代理人（職員）の身元確認、③代理権の確認できる書類の三つが必要です。

①本人（職員の扶養家族）のマイナンバーは、「通知カード」、「個人番号カード」、「個人番号の記載された住民票」のいずれかの写しでOKね。

②代理人(職員)の身元確認はどうするのかな。

本人の身元確認が例外的に不要とされているのと同じように、代理人(職員)が明らかに本人に間違いないことを確認できる場合、代理人の身元確認は必要ありません。

なるほど。そうすると、一つ目の職員本人のケースにはなかった「③代理権の確認できる書類」が問題だな。

その通りです。内閣官房のホームページの「マイナンバー社会保障・税番号制度」のQ&Aにも明確に記載されているのですが、法定代理人の場合は戸籍謄本等、任意代理人の場合は委任状となっています。

未成年者の子どもの被扶養者の場合は法定代理人だから、戸籍謄本で把握できるということね。

一方、配偶者は法定代理人ではないので委任状ということになるわけだな。

国民年金の第3号被保険者の届出等に利用する配偶者のマイナンバーをその職員から提供される場合、配偶者の委任状の提供を受けることを知らない医療機関はかなりあるわよね。

そうでしょうね。国民年金の第3号被保険者の届出にマイナンバーの記入が必要となるのは平成29年1月1日分以降ですから、今後しっかり対応していくことになります。

その委任状には何が記載されていればよいのかな。

代理人である職員と配偶者本人の住所、氏名、生年月日、委任する内容等を記載して配偶者が押印したものになります。当院の書式は次の通りです。

委任状

JMP病院　個人番号関係事務担当者様

代理人住所：〒 _____

代理人氏名：_____

代理人生年月日：　明治・大正・昭和・平成　　　年　　　月　　　日

上記の者を代理人に選任し、国民年金の第3号被保険者の届出の個人番号関係事務に必要なマイナンバーの提供に関する一切の権限を委任したのでお届けします。

平成　　年　　月　　日

委任者住所：〒 _____

委任者氏名：_____　　印

委任者生年月日：　明治・大正・昭和・平成　　　年　　　月　　　日

委任者電話番号：　　　　　（　　　）

注1）すべての欄を選任者ご本人がお書きください。(パソコン等による入力・記載は不可)
注2）委任者氏名欄には必ず押印してください。(シャチハタ不可)
注3）委任者電話番号は昼間連絡の取れる番号を記入して下さい（携帯可）
注4）本委任状に個人番号（マイナンバー）は絶対に記載しないで下さい。

職員のマイナンバーをその代理人から提供される場合も、①本人（職員）のマイナンバー、②代理人（配偶者や両親等）の身元確認、③代理権の確認できる書類の三つが必要なわけだな。

その通りです。また、職員の家族であっても社会保障や税金における扶養親族に該当しない場合、当院が個人番号関係事務を処理する必要がないため、それらの家族の個人番号の提供を求めることはできないので注意が必要です。

ところで、当院を経由せずに職員が直接マイナンバーを記入して他機関に届ける書類はあるのかしら。

あります。職員の高額療養費支給申請書等が該当します。

その場合、職員が協会けんぽや健康保険組合に高額療養費支給申請書を提出するのよね。

そうです。しかし、これまでは職員から事業者が申請書を預かり、健康保険組合等に提出していたケースもあると思います。

確かにそうね。

しかし、番号法の施行以降は、高額療養費支給申請書に関する個人番号関係事務実施者ではない事業者が、マイナンバーの記載された高額療養費支給申請書等を取り扱うことは一般的にはできません。

庶務課には職員に対し、協会けんぽに直接提出するようにPRしてもらわないといけないな。

はい。高額療養費支給申請書等にマイナンバーの記入が必要になるのは平成29年1月1日分からなので、啓蒙期間は十分にあります。

E. 事業者がマイナンバーを取得すべき対象

当院のような事業者がマイナンバーを取得する対象を再確認したいのだが、職員とその扶養家族、源泉徴収する外部講師や顧問税理士、不動産の支払調書の対象である地主さん等ということになるね。

厳密には採用内定者も入ります。単に内定を言い渡しただけでなく、内定者の確実な雇用が予想されれば（内定の通知及び入職に関する誓約書の提出の事実等がある場合）、その時点で収集が可能とされています。

派遣職員はどうかしら。

当院では医師事務作業補助者を派遣職員としてA社から派遣してもらっていますが、派遣職員は派遣元（A社）と雇用契約を締結しています。そのため、当院では派遣職員の個人番号関係事務は発生せず、取得する必要はありません。

出向者はどうかしら。

出向者については、次の機会（第10話）に確認することにしましょう。

今回のポイント

- 「本人確認＝①番号確認＋②身元確認」であり、入職時に②身元確認を行ったことのある職員等に対して対面でマイナンバーの提供を受ける場合は、②身元確認を省略できる。
- 国民年金の第3号被保険者の届出について職員から提供を受ける場合、代理権の確認できる書類（委任状）が必要である。
- マイナンバーの記載された高額療養費支給申請書等は、原則として職員が健康保険組合等に直接提出しなければならない。

第8話 マイナンバー取得の際の注意点③
(トラブルへの対応)

職員からマイナンバーを取得する際に他院でトラブルがあったことについて、院長は心配する。職員等がマイナンバーを医療機関に提供する方法は直接持参するケースが多いが、本話では、郵送や電話等のその他の方法の留意点について確認する。提供を拒否された場合、提供せずに退職した場合等のトラブル回避対策、及び提供を受けてはいけないマイナンバー等についても確認する。

事業者が職員からマイナンバーを取得する際、他院ではトラブルがあったようだが、どのような点に注意すべきだろうか。

A. マイナンバー取得の方式に関するトラブル

職員が庶務課に直接持参するケースが多いのですが、こうした対面以外でも庶務課にマイナンバーを提供する方式があります。

郵送、メール、FAX、電話が考えられるわね。

これらの方法は送り先を誤る可能性があり、トラブルや情報漏えいを防止するため、工夫が必要です。

当院ではどのように対応しているのかね。

第 8 話　マイナンバー取得の際の注意点③（トラブルへの対応）

郵送の場合、情報漏えいに配慮し、庶務課の担当者限定郵便で追跡可能な簡易書留での提供をお願いしています。

メールの場合、ファイルにパスワードをかけてそれぞれ別送するという院内通知もあったわね。

そのようにお願いしています。また、FAX は誤送信される可能性が高く、受信時に特定個人情報を複数の人に見られる可能性があります。そのため、法律で禁止されているわけではありませんが、当院では受け付けていません。

電話だと、職員の言い間違い等も考えられるから、問題がありそうね。

加えて、電話でマイナンバーの提供を受ける場合、番号確認の手段として、過去に本人確認のうえで作成している特定個人ファイルを確認することになります。そのため、電話では、「(1) 通知カード、(2) 個人番号カード、(3) 個人番号の記載された住民票のいずれかの写し」でマイナンバーを確認できないため、初回は行うことができません。

ちょっと待てよ。「初回」ということは「2回目」もあるのか。

はい。例えば、職員からマイナンバーを記載した扶養控除等申告書を毎年提出してもらう場合、本人確認も毎回行う必要があります。ただし、2回目以降の番号確認は、マイナンバーカードや通知カード等の提示を受けることが困難であれば、当院が初回に本人確認を行って取得したマイナンバーの記録と照合する方法でも構いません。また、身元確認については、対面等で明らかに本人に相違ないことが確認できる場合、身元確認のための運転免許証等の提示は必要ありません。

なるほどね。電話の場合、マイナンバーに加えて本人しか回答できない基礎年金番号等を申告してもらうことによって本人確認を行うわけだね。郵送もメールもやめて、庶務課に直接持参する対面方式のみとしたら、どうかね。

原則として休職中以外の職員に対しては、対面での提供をお願いしています。育児休暇等を取得中の職員に対してのみ、限定的に郵送やメールでの提供を受け付けている状況です。

対面、郵送、メール等の確認方法、身元確認の有無等についても庶務課で整理しておくとトラブル防止になるわね。

B. マイナンバーを取得できない場合

情報漏えい等を危惧して、職員や扶養家族がマイナンバーの提出を拒んだ場合はどうなるのかな。

当院も当初は複数名いたのですが、マイナンバーの提供が法令で定められた義務であり、提供しなければ社会保険や税金の手続きができないため、本人が不利益を被ることを説明し、全員に提供してもらうことができました。

マイナンバーの提供が法律上の義務ということは、罰則等はあるのかな。

それが実は番号法上、提供を強制したり、提供しないことで罰則を課したりする規定はないのです。そのため、どうしてもマイナンバーの提供を受けられない場合、書類提出先の機関の指示に従うことになっています。

書類提出先の機関が当院に提供を促す努力をしたのかという問い合わせをしてくるケースも考えられるわね。

第8話　マイナンバー取得の際の注意点③（トラブルへの対応）

提供を求めた経過等を記録し、収集を怠ったわけではないことをエビデンスとして保管しておくことが望ましいと考えます。

国税庁のホームページでは、税務署では番号制度導入直後の混乱を回避する観点等を考慮し、個人番号・法人番号の記載がない場合でも書類を収受することが掲載されていたわ。

仮に退職した職員のマイナンバーを取得し忘れ、本人と連絡がとれないような場合はどうなるのかな。

提出書類には、マイナンバー不記載の理由を記載して空欄で提出するしかありません。そうならないために、雇用契約締結時にマイナンバーの取得を徹底するようにしています。

短期間で退職する場合もあるので要注意ね。

履歴書、最終学校卒業証明書、免許やその他資格に関する証明書、住民票記載事項証明書、誓約書、身元保証書、源泉徴収票（職歴のある者に限る）、雇用保険及び厚生年金保険の各被保険者証（職歴のある者に限る）等、当院の就業規則第2章の採用の第10条に契約時に当院に提出する書類一式が規定されているのですが、そこに「マイナンバー（個人番号）の写し」を追加しています。

C. その他のトラブル

間違えて必要のないマイナンバーを取得してしまった場合、どうすればよいのかな。

例えば、扶養親族になっていない親族のマイナンバーも職員が誤って提供した場合等が考えられるわね。

速やかに削除又は廃棄する必要があります。そして、提供時に必ず必要なマイナンバーかどうかの確認を再徹底する必要がありま

すね。

当院ではあまり考えられないが、マイナンバー交付時に海外赴任中の職員についてはどうなるのかな。大学病院の医師の場合、あるような気がするが…。

海外赴任中で住民票がないとすれば、マイナンバーを有していないため、法定調書等のマイナンバー欄は空欄にしたままで提出すればOKです。

稀だと思うけど、マイナンバーが変更になった場合、職員には速やかに庶務課に届け出てもらわないといけないわよね。

そうですね。職員や扶養親族のマイナンバーについても、住所等と同じく変更があった場合、職員は当院に報告しなければならないことを就業規則に追加しています。

話は変わるけれども、マイナンバー制度導入による労災年金の請求書等の取り扱いに関し、労働基準監督署から医療機関宛にパンフレットが出されているわね。

労災年金の請求書等の様式には、マイナンバーの記載が必要なのかな。

はい。そして、マイナンバーの利用範囲を超えるため、医療機関は労災年金の請求書等に関して、マイナンバーを収集、保管することはできません。

仮に患者さんにマイナンバーの利用目的として通知したとしても、その目的自体が番号法に違法しているということだね。

でも、労災年金の請求書等に添付する診断書の作成依頼については、医療機関として受けるわよね。

その通りです。その場合、マイナンバーの記載された請求書等を受け取らないように注意することが必要なのです。

第8話　マイナンバー取得の際の注意点③（トラブルへの対応）

仮に受け取ってしまった場合、どうすればいいのかな。

写しを作成せず、速やかに本人に返戻しなくてはなりません。郵送の場合は追跡可能な簡易書類等とし、手渡しの場合は周囲の目に触れないように封筒に入れることなどが労働基準監督署のパンフレットで啓蒙されています。

やはり、庶務課と経理課のみがマイナンバー制度を知っていればいいということではないようだな。医事課や看護師が受け取ってしまうことも考えられるわけだし。

他に患者さん関連で留意すべきことはあるかしら。

患者さんが保険証を忘れて自費診察となり、診察代を全額支払えなかったため、身分証明書として個人番号カードを提示されたとします。この場合、当院は裏面のマイナンバー部分をコピーしてはなりません。

それはなぜかしら。

職員等の本人確認の場合を除き、単なる身元確認でマイナンバーを収集することは番号法で認められていないからです。

その点については医事課を中心に周知する必要があるな。

そうですね。マイナンバーに関する職員全体の研修会も企画していきます。

今回のポイント

- 初回は電話でのマイナンバーの提供は受けることができない。また、郵送やメールでの提供の場合、身元確認を省略できない。
- 職員等からマイナンバーの提供を拒まれた場合、提供を求めた経過等を記録し、収集を怠ったわけではないことをエビデンスとして保管し、空欄で提出する。
- 就業規則等に明記し、入職時にマイナンバーの提供を受けることを徹底する必要がある。
- マイナンバーの記載された労災年金の請求書等を患者さん等から受け取ってはいけない。
- 身分証明として患者さんから提示された個人番号カードの裏面（マイナンバーが記載された面）をコピーしてはならない。

第9話 マイナンバー取得の際の注意点④
（取引先からの取得）

　取引先のマイナンバーを取得する場合、職員や扶養家族とは異なる点があるのではないかと院長は考える。本話では、取引先からマイナンバーを取得する場合の利用目的の通知、本人確認の方法等について確認する。

職員や扶養家族の場合と重複する内容もあると思うが、取引先から当院がマイナンバーの提供を受ける場合について再確認していこう。

A. 取引先からのマイナンバーの取得

三つのパターンがあります。一つ目は、外部講師への報酬支払、弁護士や社会保険労務士等への業務委託料の支払等を行う場合です。

当院の顧問税理士は法人契約だったから、マイナンバーではなく、法人番号になるな。

同一の外部の者に対し、年間5万円を超える報酬、料金、契約金等を支払った場合、事業者は支払調書を税務署に提出しなければならないわね。

はい。平成28年1月1日以降の金銭等の支払に係る報酬等の支払調書に関しては、支払を受ける者のマイナンバー又は法人番号

の記載が必要になっています。

例えば、平成28年12月から月額5万円で業務委託契約を締結した場合、平成28年は支払調書作成の必要がなく、マイナンバーの提供を求めてはいけないわけね。

そうではありません。平成28年12月から契約期間が3カ月以上であれば、平成29年は合計で5万円を超えるので支払調書を作成する必要があります。このようなケースでは、契約時点でマイナンバーの提供を求めることができます。

二つ目は何かね。

不動産の貸主へ使用料等を支払う場合です。同一の外部の者に対して、平成28年1月1日以降の不動産使用料等の支払額が所得税法の定める一定の金額（平成28年6月現在：年間15万円）を超える場合、支払を受ける者のマイナンバー又は法人番号が記載された支払調書を税務署に提出しなければなりません。

当院が土地を借りている地主さんは個人だから、マイナンバーの提供をお願いしたわけね。

所得税法の定める一定の金額以内の場合、マイナンバーの提供を求めてはいけないのかな。

業務委託契約の場合と同じですね。契約内容によって年間の使用料等の合計が所得税法の定める一定の金額を超えないことが明らかな場合、支払調書の提出は不要であり、契約時点でマイナンバーの提供を求めることはできません。ただし、年の途中に契約を締結したことから、その年は支払調書の提出が不要であっても、翌年は支払調書の提出が必要とされる場合には、翌年の支払調書作成・提出事務のために当該マイナンバーの提供を契約時点で求めることができます。

三つ目は何かしら。

不動産の売主へ譲受対価等を支払う場合です。同一の外部の者に対して、平成28年1月1日以降、不動産の譲受対価として年間支払額が年間100万円を超える場合、支払を受ける者のマイナンバー又は法人番号が記載された支払調書を税務署に提出しなければなりません。

当院保有の使用していない土地を売却した際には該当するわね。

それらの取引先には、どのように利用目的を通知するのかな。

職員や扶養家族と同様に個人番号利用目的通知書を交付したり、業務委託契約書に利用目的を記載したりする方法があります。

B. 取引先のマイナンバー取得時の本人確認

これらの取引先からマイナンバーを取得する際、本人確認書類、すなわちマイナンバーや身分証明の写しの提出を受ける必要があるのかな。

対面で本人確認を行う場合、本人確認書類の「提示」を受けることが原則です。確認できれば写しの提出はどちらでも構いません。一方、郵送で本人確認を行う場合、本人確認書類の写しの「提出」を受ける必要があります。また、写しの提出を受けた場合、必要な手続きを行った後に写しが不要となった段階で速やかに廃棄することが推奨されています。

取引先の本人確認でトラブルになる事例が発生していると聞いたのだけど…。

対面で本人確認書類の「提示」を受ける一方で、講演料の支払先等に対し本人確認書類の写しを求める事例があったようです。この場合、講演料の支払先等に対し、本人確認書類の写しを求める必要はないことが内閣官房のホームページ等で説明されています。

継続的な取引によって毎年の支払調書を作成する都度、本人確認は必要なのかしら。

番号法は支払調書の提出義務がある取引先からマイナンバーの提供を受ける場合には提供を受ける都度、本人確認を行う必要があると規定しています。

いちいち面倒だなあ。

ただし、2回目以降の番号確認は、個人番号カードや通知カード等の提示を受けることが困難な場合、初回の本人確認の際に提供を受けたマイナンバーの記録との照合で確認することも認められています。また、取引開始時等に身元確認を行っており、明らかに本人であると対面で確認することができる場合、身元確認書類の提示を受ける必要はありません。

同じ取引先と新たな契約を締結した場合、改めてマイナンバーの提供を求める必要があるのかしら。

適法に保管しているマイナンバーは、当初特定した利用目的の範囲内であれば、改めてマイナンバーの提供を受けることなく、新しい契約に基づいて発生する個人番号関係事務に利用することができるとされています。

第9話　マイナンバー取得の際の注意点④（取引先からの取得）

今回のポイント

- マイナンバーが必要な取引先に対しては、個人番号利用目的通知書を交付したり、業務委託契約書に利用目的を記載したりして利用目的を通知する必要がある。
- 支払調書の提出が不要である場合、マイナンバーの提供を求めることはできないが、年の途中に契約を締結したことから、翌年は支払調書の提出が必要とされる場合、マイナンバーの提供を契約時点で求めることができる。
- 対面で本人確認書類の「提示」を受ければ、講演料の支払先等に対し、本人確認書類の写しを求める必要はない。
- 同じ取引先と新たな契約を締結した場合、既存のマイナンバーを使用できる。

第10話 マイナンバーの提供

　グループ内の別法人でのマイナンバー閲覧禁止について、院長は疑問を持つ。本話では、個人情報保護法よりも厳格な番号法におけるマイナンバーの第三者提供について、出向・転籍のケースを中心に確認する。源泉徴収票の開示請求への対応方法についても確認する。

A. 第三者へのマイナンバーの提供

「グループ内であっても他の法人のマイナンバーを閲覧できない」と聞いたのだが、グループ全体で人材情報を管理して業務の効率化を図っている某医療法人グループ等においては、マイナンバーに限ってグループ内の個々の法人単位で個別に管理することは非効率だと思うのだが…。

番号法では、個人から法人、法人から法人等、ある組織や個人を越えて動くことは、「第三者への提供」と整理されています。個人情報保護法上では共同利用は認められているのですが、番号法では共同利用は認められていないのです。

グループ内の法人であっても、別法人であれば第三者提供に該当し、特定個人情報（マイナンバーを含む個人情報）は提供できないわけね。

厳密には、「番号法第19条で認められている場合でなければ」となっており、例外もあります。

第10話　マイナンバーの提供

当院に関係する項目はあるのかな。

個人情報保護委員会からの情報提供の求めがあった場合、事故で意識不明の状態にある者に対する緊急の治療を行うに当たり、マイナンバーでその者を特定する場合などですかね。

個人情報保護委員会や治療する医療機関に提供する可能性はあるけれども、通常の人事管理業務を遂行するうえでグループ内の別法人に特定個人情報を提供することはないということね。

その通りです。また、院長の質問からは外れますが、地方公共団体については番号法第19条で提供制限の例外が認められており、公立病院は留意する必要があります。

具体的にはどのような内容かしら。

番号法では、個人情報の取り扱いが地方公共団体の機関単位となっています。そのため、同一地方公共団体内部の他の機関で特定個人情報を利用することも他の機関への提供に該当することになります。そこで、条例で定めた場合であれば、同一地方公共団体内部の機関間において（例：市長部局→市教育委員会）、事務の処理に必要な限度で特定個人情報を提供することが可能とされています。

各機関の単位は各地方公共団体で千差万別だと思うけれども、病院部局等がマイナンバーに関する事務を担当する他の部局に提供するケースなどね。

話を戻すと、グループ全体の共通データベースにおいて、マイナンバーを記録したファイルに限っては、それぞれの法人単位で保管され、自らの法人のファイルにのみ当該法人の担当者がアクセスできるようなシステムが構築されていればOKというわけだね。

その通りです。そのようなシステムであれば、共通データベースでの特定個人情報の管理は可能です。

 しかし、特定個人情報に限って、グループ内の法人単位で個別に管理することは非効率だよね。

 そうですね。ただし、本人確認等は委託が可能です。例えば、グループの本部に委託して本人確認を行い、本部から各法人が情報をもらうという仕組みを構築することは認められています。この委託については、後に（第15話）確認しましょう。

 同一法人格内での特定個人情報の移動はどうなるのかしら。

 それは「提供」ではなく、「利用」に該当するので問題ありません。もちろん、番号法に基づいて事業者が定めた利用目的の範囲内という条件付きですが。

B. 出向・転籍先へのマイナンバーの提供

 それでは別法人への出向や転籍の場合、職員の特定個人情報を出向・転籍先に提供することに問題はあるだろうか。

 出向者の給与を出向先で支払う場合、出向先でマイナンバーが必要になるわよね。

 はい。しかしながら、出向・転籍先の法人に特定個人情報を提供すること、及び出向・転籍元の法人から特定個人情報を取得することはできません。そのため、出向・転籍先の法人は、出向者本人から直接提供を受けなければなりません。

 その根拠は何かな。

出向・転籍元の法人が現に保有している特定個人情報は、当該法人の個人番号関係事務の処理のために保有しているものであり、これを出向・転籍先の法人の個人番号関係事務に転用することは目的外利用となるという解釈です。

この場合も委託という方法があったわよね。

その通りです。職員の出向・転籍元の法人が、出向・転籍先の法人と委託契約又は代理契約を交わして個人番号関係事務の一部を受託します。そして、契約で出向・転籍元の法人が本人確認を行うこととされている場合、出向・転籍元の法人が出向・転籍時に改めて本人確認を行ったうえで、出向・在籍先の法人に特定個人情報を提供することも認められています。

最近、友人が理事長をしている医療法人が近隣のクリニックを買収して同法人に取り込んだのだが、このような場合、クリニックは特定個人情報を医療法人に提供できるのかな。

提供できます。合併等による事業の承継において、事業の承継先にマイナンバーを含む特定個人情報を提供することが番号法で認められています。この点は個人情報保護法と同じです。

C. 源泉徴収票の取り扱い

話は変わるけど、職員が住宅ローンを組む場合等において、所得を証明するためにマイナンバーが記載された給与所得の源泉徴収票を使用することはできるのかしら。

職員本人への交付用の給与所得の源泉徴収票については、平成27年10月に所得税法施行規則が改正され、その本人及び扶養親族のマイナンバーが記載されていない源泉徴収票を交付することになっています。そのため、マイナンバーの提供や目的外利用の

問題はありません。

マイナンバーが記載された源泉徴収票について、当院に個人情報保護法による開示請求があった場合、どのように対応すれば良いのかしら。

番号法の目的外利用になりますので、当院はマイナンバー部分を復元できない程度にマスキングするなどして開示する必要があります。同様にマイナンバーを記載しなければ、個人情報保護法による開示請求がなくても、「報酬、料金、契約金及び賞金の支払調書」、「不動産の使用料等の支払調書」等の写しを本人に送付することが可能です。

今回のポイント

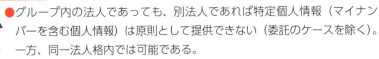

- グループ内の法人であっても、別法人であれば特定個人情報（マイナンバーを含む個人情報）は原則として提供できない（委託のケースを除く）。一方、同一法人格内では可能である。
- 出向・転籍先の法人は出向・転籍元の法人からではなく、出向者本人から特定個人情報を取得しなければならない（委託のケースを除く）。
- 合併等による事業の承継において、事業の承継先に特定個人情報を提供することは可能である。
- 源泉徴収票の開示請求があった場合、マイナンバー部分を復元できない程度にマスキングするなどして開示する必要がある。また、マイナンバーを記載しなければ、開示請求がなくても支払調書の写しを本人に送付できる。

第11話 マイナンバーの廃棄

　不要となったマイナンバーは廃棄や削除が必要であることについて、院長は心配する。本話では、各書類の保存期間を経過した場合のマイナンバーの廃棄又は削除の考え方や方法、廃棄や削除した記録の保存の必要性について確認する。

A. マイナンバーの廃棄（削除）義務

「不要となったマイナンバーは、廃棄又は削除しなければならない」と聞いたのだが…。

マイナンバーが記載された書類等は、法律によって一定期間保存が義務づけられています。

重要な個人情報である診療録は、医師法で保存期間が5年以上と定められているわよね。

そうだね。診療録の場合は5年経過したら廃棄しなければならないのではなく、5年は最低保存し、その後は保存を続けても廃棄しても良いという考え方だよね。

紙カルテの場合は保管場所が不足するため、以前は5年経過したら廃棄していたわよね。

しかし、当院も電子カルテを導入してからは、（半）永久保存をルール化しているため、電子保存の個人情報に関しては原則として廃棄という作業は発生していないよね。

職員関係の書類はどうなっているのかしら。

例えば、重要な個人情報である労働者名簿や賃金台帳は労働法で退職時から3年間の保存が義務づけられているのですが、これも3年経過したら廃棄しなければならないというものではありません。

労働者名簿や賃金台帳も電子データで保存していれば、（半）永久保存に近くなっているというわけだね。

その通りです。一方、マイナンバーは、番号法で限定的に認められている個人番号関係事務を処理するために収集や保管が許されています。そのため、個人番号関係事務を処理する必要がなくなり、法律で定められている各書類の保存期間を経過した場合には、該当のマイナンバーをできるだけ速やかに廃棄又は削除しなければならないのです。

個人情報保護法では、個人情報の廃棄についての規定はなかったように思うが…。

その通りです。マイナンバーについては、廃棄や削除が義務づけられていることが大きなポイントです。

具体的に各書類と廃棄基準はどうなっているのかな。

健康保険・厚生年金保険に関する書類は「完結の日から2年間」、労災保険に関する書類・労働保険の徴収・納付等の関係書類は「完結の日から3年間」、雇用保険被保険者関係書類・離職証明書の事業主控は「完結の日から4年間」、退職所得の受給に関する申告書・扶養控除等（異動）申告書は「完結の日から7年間」です。

支払調書の控えにもマイナンバーが記載されているけれども、保管は可能なのかしら。

第11話　マイナンバーの廃棄

個人番号関係事務の一環として認められ、保管期間は事業者で判断する見解が出されています。しかし、最長でも7年が限度とされています。

要するに、職員が退職してから各書類の保存期間をカウントすればいいのだね。

いいえ。職員が退職しなくても廃棄するケースがあります。

具体的には何があるのかな。

例えば、扶養控除等（異動）申告書は、その申告書の提出期限（毎年最初に給与等の支払を受ける日の前日まで）の属する年の翌年1月10日の翌日から7年を経過する日まで保存することになっています。

なるほどね。ところで、一定期間保存が義務づけられている各書類は紙ベースだが、情報システム内に保管しているマイナンバーの取り扱いはどうなるのかな。

各書類の保存期間が経過するまでの間は、当該書類だけでなく、情報システム内においても該当するマイナンバーを保管することは可能だったわよね。

その通りです。厳密には、書類ごとに別個のファイルでマイナンバーを保管しているのであれば、各書類の廃棄・削除に併せてマイナンバーを個別に廃棄又は削除することになります。一方、マイナンバーをまとめて一つのファイルに保管しているのであれば、最後に廃棄・削除する書類の時期に併せてマイナンバーを廃棄又は削除することになります。

なるほど。それらのデータベースを作成し、紙と電子データを含め、保管や削除の状況を定期的に点検・監査する必要もあるな。

退職時に「自分のマイナンバーをすぐに廃棄してほしい」と職員が要望した場合、どうすればいいのかしら。

できません。法律によって一定期間保存が義務づけられていることを説明し、保管期限が経過した後に速やかに廃棄又は削除することを説明するしかありません。

ところで、「マイナンバーは保存期間を経過した場合、できるだけ速やかに廃棄又は削除」ということだけれども、マイナンバーの廃棄が必要となってから廃棄作業を行うまでの期間は、どの程度許容されるのかしら。

絶対的基準はありません。廃棄が必要となってから廃棄作業を行うまでの期間については、毎年度末に廃棄を行う等、マイナンバー及び特定個人情報の保有に係る安全性及び事務の効率性等を勘案し、各事業者で判断すればよいことになっています。

保管期間を付したファイルにまとめるのがよさそうね。

はい。庶務課等では紙や電子データを問わず、特定個人情報とその他の職員の個人情報をしっかり区別して管理しておかないと、特定個人情報を廃棄や削除する際に混乱や失敗が懸念されます。

そうだね。義務としての廃棄という未経験の作業に着手しなければいけないわけだからね。

そうですね。特定個人情報の廃棄を含む管理の仕組みを構築した担当者が退職しても、その仕組みが院内ルールとして継承されなければいけません。取扱規程等で明文化するとともに、日常業務を通じての教育も重要であると考えています。

B. マイナンバー廃棄（削除）の記録

マイナンバーを廃棄や削除した場合、その記録を残す必要はあるのかな。

マイナンバーの削除等の記録は保存が必要です。その記録内容としては、特定個人情報ファイルの種類・名称、責任者・取扱部署、削除・廃棄状況等が考えられます。もちろん、マイナンバー自体は記録しません。

漏えいを防止し、容易に復元できない廃棄や削除が必要だよね。

その通りです。具体的な廃棄等の方法については、後に（第14話「④個人番号の削除、機器及び電子媒体等の廃棄」）確認することにしましょう。

今回のポイント

- 個人番号関係事務を処理する必要がなくなり、法律で定められている各書類の保存期間を経過した場合には、該当のマイナンバーをできる限り速やかに廃棄又は削除しなければならない。
- 各書類の保存期間が経過するまでの間は、当該書類だけでなく、情報システム内においても該当するマイナンバーを保管することは可能である。
- マイナンバーを廃棄や削除した場合、その記録を保存する必要がある。

第12話 マイナンバーの安全管理措置①
（基本方針と取扱規程の策定）

　マイナンバーの基本方針と取扱規程の作成について、安全管理措置の一環として有効であると院長は考える。本話では、特定個人情報に関する基本方針と取扱規程の策定の必要性について、個人情報保護方針や個人情報保護取扱規程との関連から確認する。就業規則への追記事項についても確認する。

A. 基本方針と取扱規程の策定

「特定個人情報に関する基本方針や取扱規程を作成しなければならない」と聞いたが、マイナンバーの院内ルールが確立されるため、安全管理措置としても有効だよね。

「特定個人情報の適正な取扱いに関するガイドライン（事業者編）」等に基づいて、まずは（第12話〜第14話）、安全管理措置について確認していくことにしましょう。特定個人情報に関する基本方針や取扱規程については、多くの医療機関が再整備することになるでしょう。

基本方針には、どのような項目を記載するのかしら。

①事業者の名称、②関係法令やガイドライン等の遵守、③安全管理措置に関する体制、④特定個人情報等の開示並びに利用停止及び訂正等、⑤苦情処理の窓口等でしょうか。

第12話　マイナンバーの安全管理措置①（基本方針と取扱規程の策定）

取扱規程の内容はどうかしら。

①総則、②特定個人情報の取得、③特定個人情報の利用、④特定個人情報の保管、⑤特定個人情報の提供、⑥特定個人情報の削除・廃棄、⑦特定個人情報の開示・訂正・利用停止等、⑧安全管理措置、⑨その他等でしょうか。

ちょっと待てよ。基本方針は個人情報保護方針（プライバシーポリシー）、取扱規程は個人情報保護規程とほとんど同じだね。

そうね。新たに特定個人情報に関する基本方針や取扱規程等を作成するのではなく、既存の個人情報保護に係る取扱規程等を見直し、特定個人情報に関する内容を追記する形でも良いのかしら。

可能です。

それなら、かなり効率的に作成できそうね。

ただし、以前の話（第4話）とも関連しますが、当院等の医療機関の個人情報保護方針や個人情報保護規程は、患者さん等の利用者の個人情報を前提として作成しているものが多かったのです。

確かに玄関やホームページに大きく掲げている個人情報保護方針や利用目的は、利用者に対するものだよね。

個人情報保護規程も同様ね。

その通りです。そもそも患者さんのマイナンバーは取得する必要がない（取得してはいけない）わけですから、今の個人情報保護方針に特定個人情報に関する基本方針を追記して掲示することは考えられません。

患者さんには関係ないものね。「当院は患者さんやそのご家族のマイナンバーの提供を求めることはありません」と追記するなら理解できるけれど…。

そもそも特定個人情報に関する基本方針の公表は義務づけられていません。ただし、中小規模事業者を除いては特定個人情報に関する取扱規程等の策定は求められているため、職員の個人情報の利用目的（第4話参照）、特定個人情報に関する基本方針、特定個人情報の取り扱いについて、既存の個人情報保護規程に追記することを考えています。

重複や関連する箇所もあるだろうから、当院の規模であれば、複数の規程を作成するよりも優れているのではないかな。

就業規則に特定個人情報の利用目的等を追加する必要はないのかしら。

就業規則に特定個人情報の取り扱いに関する規定を追記することは職員への周知の一つの方法であり、必ずしも必要なわけではありません。ただし、個人情報保護法よりも番号法の罰則は重くなっているため、懲戒事由や秘密保持等の条文には、特定個人情報の取り扱いに関する内容を追記する必要はあるでしょう。

B. 中小規模事業者での安全管理措置

ところで先ほど、「中小規模事業者を除いては特定個人情報に関する取扱規程等の策定は求められている」と言っていたが、中小規模事業者の定義はどうなっているかな。

「原則として従業員の数が100人以下の事業者」ですから、該当する医療機関は少なくないです。

中小規模事業者は必ずしも基本方針や取扱規程の策定が義務づけられていないのであれば、どのような対応が求められているのか

第12話　マイナンバーの安全管理措置①（基本方針と取扱規程の策定）

な。

取扱規程に代わり、特定個人情報等の取り扱い等を明確化するとともに、事務取扱担当者が変更となった場合に確実な引継ぎを行って責任ある立場の者が確認することになっています。明確化の方法は、口頭で明確化する方法のほか、業務マニュアル、業務フロー図、チェックリスト等に特定個人情報等の取り扱いを加える等の方法が例示されています。

平成27年9月の個人情報保護法の改正によって小規模事業者の特例は廃止されたのだから（第5話参照）、すべての事業者が番号法と個人情報保護法を踏まえて対応することが今後は必要になってくるわけだね。

その通りです。番号法も中小規模事業者を含むすべての事業者がマイナンバーの適切な管理のために必要な措置を講ずる義務があると規定しています。ただし、中小規模事業者は取り扱うマイナンバーの数量が少なく、取扱担当者も限定されると考えられています。

高度な安全管理措置を求められた場合、その費用も問題よね。

その通りです。そこで、中小規模事業者は一般事業者と異なった方法で安全管理体制を構築することも許容されているのです。

でも、一定水準以上の適切な措置をとる必要はあるのよね。

その通りです。具体的にどのような措置をとるかについては、事業者ごとの実態に合わせて構築すれば良いことになっていますが、次回以降（第13話・第14話）でも確認していきましょう。

今回のポイント

- 特定個人情報に関する基本方針や取扱規程等は、既存の個人情報保護に係る取扱規程等に追記する形でも良い。
- 就業規則に特定個人情報の取り扱いに関する規定を必ずしも追記する必要はないが、懲戒事由や秘密保持等の条文には追記が必要である。
- 従業員数が100人以下の事業者は、取扱規程等の策定が義務づけられておらず、特定個人情報等の取扱方法、責任者や事務取扱担当者が明確になっていれば良い。

第13話 マイナンバーの安全管理措置②
（組織的・人的安全管理措置）

基本方針と取扱規程の作成以外の安全管理措置について、院長は興味を持つ。本話では、事業者に対応が義務づけられているマイナンバーの組織的・人的安全管理措置の具体策を確認する。中小規模事業者の軽減措置も確認する。

基本方針や取扱規程の策定以外にマイナンバーに関する安全管理措置として何をしなければいけないのかな。

大別して、(1) 組織的安全管理措置、(2) 人的安全管理措置、(3) 物理的安全管理措置、(4) 技術的安全管理措置があります。

A. 組織的安全管理措置

(1) 組織的安全管理措置から確認していこう。

(1) 組織的安全管理措置とは、特定個人情報の安全管理のための組織体制の構築等のことですが、具体的には、①組織体制の整備、②取扱規程等に基づく運用、③取扱状況を確認する手段の整備、④情報漏えい等の事案に対応する体制の整備、⑤取扱状況の把握及び安全管理措置の見直しの五つがあります。

中小規模事業者は、安全管理措置について軽減措置があったわよね。

その通りです。(1) 組織的安全管理措置には軽減措置がありますので、下表で確認してください。一方、(2) 人的安全管理措置には、軽減措置は一切ありません。

【中小規模事業者における対応方法】

a 組織体制の整備
　○事務取扱担当者が複数いる場合、責任者と事務取扱担当者を区分することが望ましい。
b 取扱規程等に基づく運用
c 取扱状況を確認する手段の整備
　○特定個人情報等の取扱状況の分かる記録を保存する。
d 情報漏えい等事案に対応する体制の整備
　○情報漏えい等の事案の発生等に備え、従業者から責任ある立場の者に対する報告連絡体制等をあらかじめ確認しておく。
e 取扱状況の把握及び安全管理措置の見直し
　○責任ある立場の者が、特定個人情報等の取扱状況について、定期的に点検を行う。

出典：個人情報保護委員会「特定個人情報の適正な取扱いに関するガイドライン(事業者編)」(平成26年12月11日〈平成28年1月1日一部改正〉)から抜粋

「①組織体制の整備」は、当院の安全管理体制を整備し、責任の所在を明確にすることだね。

その通りです。特定個人情報に関する責任者や事務取扱担当者、取扱規程違反や情報漏えい等の報告連絡体制、マイナンバーを取り扱う部署間の任務分担や責任等を明らかにしなければなりません。

責任者は院長になるのかしら。

院長である必要はありません。ただし、管理職等のようにマイナンバーに関する業務を把握できる職員が望ましいでしょう。

トラブル発生時には、中心になって対応してもらわないと困りますからね。

事務取扱担当者は、役割や所属等によって明確化するなど、個人名による明確化でなくてもよいのかな。

部署名（庶務課、庶務係等）、事務名（給与事務担当者等）等により、担当者が明確になれば個人名でなくても構いません。

責任者や担当者が退職した場合のリスクを回避できるし、当該部署内等であればマイナンバーを誰でも扱えるメリットはあるね。もちろん、複数の職員がマイナンバーを取り扱うリスクもあると思うが…。

そうですね。ただし、部署名等によって事務取扱担当者の範囲が明確化できない場合には、事務取扱担当者を指名するなどの対応が必要になります。なお、派遣職員もマイナンバーを取り扱う担当者になることができます。

「②取扱規程等に基づく運用」とは、具体的に何が該当するのかな。

システムログや利用実績を記録することです。記録を保存することは、取扱規程等に基づく確実な事務の実施、情報漏えい等の発生の抑止、点検・監査及び情報漏えい等に対処するための有効な手段と考えられています。

何を記録するのかな。

特定個人情報ファイルの利用・出力状況、マイナンバーが付された書類や媒体の持ち出し、特定個人情報ファイルの削除・廃棄、

事務取扱担当者の情報システムの利用状況（ログイン実績やアクセスログ等）等が考えられます。

システムログや利用実績の保存期限は決まっているのかしら。

絶対的基準はありません。記録の内容も同じなのですが、システムで取り扱う情報の種類、量、システムを取り扱う職員の数、点検や監査の頻度等を総合的に勘案して適切に定めることとされています。

「③取扱状況を確認する手段の整備」とは、具体的に何をするのかな。

特定個人情報ファイルの取扱状況を確認するために記録等を行うことです。記録等の項目は、特定個人情報ファイルの種類や名称、責任者や取扱部署、利用目的、削除・廃棄状況、アクセス権を有する者等です。なお、特定個人情報ファイルの取扱状況を確認するための記録等には、特定個人情報等は記載しないように注意が必要です。

「②取扱規程等に基づく運用」、「③取扱状況を確認する手段の整備」においては、中小規模事業者の対応方法として、「取扱状況の分かる記録を保存する」ということが示されているわね。

はい。個人情報保護委員会のホームページのQ&Aでは、「業務日誌等において、例えば、特定個人情報等の入手・廃棄、源泉徴収票の作成日、税務署への提出日等の、特定個人情報等の取扱い状況を記録する」、「取扱規程、事務リスト等に基づくチェックリストを利用して事務を行い、その記入済みのチェックリストを保存する」が例示されています。

「④情報漏えい等の事案に対応する体制の整備」とは、情報漏えいが発生した場合、又はその兆候を把握した場合に適切に対処す

第 13 話　マイナンバーの安全管理措置②（組織的・人的安全管理措置）

るための体制を整備することね。どのような体制を具体的に整備するのかしら。

事実関係の調査及び原因の究明、影響を受ける可能性のある本人への連絡、個人情報保護委員会及び主務大臣等への報告、再発防止策の検討及び決定、事実関係及び再発防止策等の公表等です。詳細は後に（第16話）確認しましょう。

「⑤取扱状況の把握及び安全管理措置の見直し」とは、具体的に何をするのかな。

マイナンバーに関する院内体制をマネジメントサイクルでしっかり行うことです。

定期的な点検や内部監査、外部機関による監査の実施よね。

はい。個人情報保護又は情報セキュリティに関する外部監査等を行う際に、特定個人情報等の保護に関する監査を併せて行うことなども推奨されています。

当院を含め、個人情報保護についても監査まではできていない医療機関は少なくないよな。

申し訳ありません。なお、地方公共団体、独立行政法人、地方独立行政法人等は、特定個人情報保護評価が義務づけられていますので、公立病院等については対応が必要です。

「特定個人情報保護評価」とは何かな。

特定個人情報ファイルを保有しようとする者が、特定個人情報の漏えい等が発生する危険性や影響に関する評価を行うことです。ただし、対象人数の総数が 1,000 人未満の事務等については義務づけられていません。詳細は個人情報保護委員会のホームページ

に掲載されています。民間事業者は任意です。

B. 人的安全管理措置

（2）人的安全管理措置についても確認していこう。

①事務取扱担当者の監督、②事務取扱担当者の教育があります。

事務取扱担当者が特定個人情報等を取扱規程等に基づいて適正に取り扱っているかを監督するには、具体的にどうすればいいのかしら。

責任者が事務取扱担当者からマイナンバーの取扱状況について定期的に報告を受けることが良いと考えます。特定個人情報等の秘密保持に関する誓約書も有効ではないでしょうか。大規模病院等で複数の部署に事務取扱担当者が配置されている場合においては、個人情報保護委員会の分科会としてマイナンバー委員会を組織して定期的に打ち合わせることも考えられます。

事務取扱担当者に対しては、特定個人情報も含めた秘密保持誓約書を書いてもらい、意識を醸成することも必要だな。また、特定個人情報に関する留意事項等についての研修受講等も考えていく必要があるね。

第13話　マイナンバーの安全管理措置②（組織的・人的安全管理措置）

今回のポイント

- 特定個人情報に関する責任者や事務取扱担当者、取扱規程違反や情報漏えい等の報告連絡体制、マイナンバーを取り扱う部署間の任務分担や責任等を明らかにする必要がある。
- システムログや利用実績の記録、特定個人情報ファイルの取扱状況を確認するための記録等の実施、情報漏えい等の事案に対応する体制の整備、定期的点検や監査の実施、事務取扱担当者の監督・教育を実施していく必要がある。
- 中小規模事業者には、人的安全管理措置にはないが、組織的安全管理措置には軽減措置があり、各事業者に適した対応を講じていく必要がある。

第14話 マイナンバーの安全管理措置③
（物理的・技術的安全管理措置）

　前話に続き、物理的・技術的安全管理措置について、院長は確認を指示する。本話では、事業者に対応が義務づけられているマイナンバーの物理的・技術的安全管理措置の具体策を確認する。中小規模事業者の軽減措置も確認する。

A. 物理的安全管理措置

次は、(3) 物理的安全管理措置を確認していこう。

①特定個人情報等を取り扱う区域の管理、②機器及び電子媒体等の盗難等の防止、③電子媒体等を持ち出す場合の漏えい等の禁止、④個人番号の削除、機器及び電子媒体等の廃棄の四つがあります。

「①特定個人情報等を取り扱う区域の管理」としては、どのような対策が考えられるかな。

例えば、特定個人情報ファイルを取り扱う情報システムを管理する区域における入退室制限、及びノートパソコンやUSBメモリ等の外部接続機器等の持ち込みの制限、マイナンバー取扱部署を他の部署と異なる部屋に配置する等です。

当該区域への入退室管理方法としては何があるかな。

第 14 話　マイナンバーの安全管理措置③（物理的・技術的安全管理措置）

ICカード、ナンバーキー等による入退室管理システムの設置等が考えられますが、当院では難しいかと…。

マイナンバー担当者の座席に配慮して間仕切り等を設置したり、後ろから覗き見されないように座席配置を工夫したりしている事務室もあるみたいね。

「②機器及び電子媒体等の盗難等の防止」としては、どのような対策が考えられるかな。

特定個人情報等を取り扱う機器等を施錠できるキャビネットに保管する、セキュリティーワイヤーで固定する等があります。

「③電子媒体等を持ち出す場合の漏えい等の禁止」としては、どのような対策が考えられるかな。

院外は当然ですが、院内であっても特定個人情報を取扱部署から持ち出す場合、漏えいが生じる可能性があるということに留意しなければなりません。持ち出す電子データにはパスワードを付し、さらに暗号化する等の対策が必要になります。施錠できる搬送容器の使用、特定個人情報等が記載された書類の封緘や目隠しシールの貼付等も考えられます。

中小規模事業者への軽減措置はないのかしら。

①区域の管理、②盗難等の防止についてはありませんが、③漏えい等の禁止、④廃棄についてはあります。③漏えい等の禁止については、特定個人情報等が記録された電子媒体又は書類等を持ち出す場合、「パスワードの設定、封筒に封入し鞄に入れて搬送する等の安全な方策を講ずる」とされています。

「④個人番号の削除、機器及び電子媒体等の廃棄」としては、どのような対策が考えられるかな。

特定個人情報等が記載された書類を廃棄する場合、焼却、溶解、復元不可能な程度に裁断可能なシュレッダーの利用、マイナンバーを復元できない程度にマスキングする等の手段を採用する方法があります。

マイナンバー部分をマスキングして保管を続けるという方法もあるのね。

その通りです。また、特定個人情報等が記録された機器及び電子媒体等を廃棄する場合、専用のデータ削除ソフトウェアの利用又は物理的な破壊等により、復元不可能な手段を採用する必要があります。

特定個人情報ファイル中のマイナンバー又は一部の特定個人情報等を削除する場合、データ復元用の専用ソフトウェア等を用いなければ復元できない手段を採用することも考えられるわよね。

さらに、特定個人情報等を取り扱う情報システムは、保存期間経過後における個人番号の削除を前提とした情報システムを構築したり、個人番号が記載された書類等は、保存期間経過後における廃棄を前提とした手続きを定めたりすることも考えられます。

廃棄等を外部に委託する場合はどうなるのかしら。

委託先の選定に留意することは言うまでもありませんが、委託先が削除又は廃棄したことの証明書を発行してもらうなどして確認する必要があります。

委託業務契約書に証明書の発行等について規定しておく必要があるな。

④廃棄についての中小規模事業者への軽減措置はどのようになっているのかしら。

第 14 話　マイナンバーの安全管理措置③（物理的・技術的安全管理措置）

「特定個人情報等を削除・廃棄したことを責任ある立場の者が確認する」という簡単な文面が示されています。

B. 技術的安全管理措置

最後に、(4) 技術的安全管理措置を確認しよう。

①アクセス制御、②アクセス者の識別と認証、③外部からの不正アクセス等の防止、④情報漏えい等の防止の四つがあります。

「①アクセス制御」としては、どのような対策が考えられるかな。

システムのユーザーIDに付与するアクセス権により、特定個人情報ファイルを取り扱う情報システムの使用者を限定することが考えられます。個人番号と紐付けてアクセスできる情報の範囲をアクセス制御により限定したり、特定個人情報ファイルを取り扱う情報システムをアクセス制御により限定したりすることも考えられます。

「②アクセス者の識別と認証」としては、どのような対策が考えられるかな。

ユーザーIDとパスワード、あるいはICカードや職員証による認証方式の導入が考えられます。

中小規模事業者への軽減措置はないのかしら。

①アクセス制御、②アクセス者の識別と認証にはあります。特定個人情報等を取り扱う機器の特定、及びその機器を取り扱う事務取扱担当者の限定が望ましいとされています。また、機器に標準装備されているユーザー制御機能（ユーザーアカウント制御）に

115

より、情報システムを取り扱う事務取扱担当者を限定することが望ましいとされています。

「③外部からの不正アクセス等の防止」としては、どのような対策が考えられるかな。

外部ネットワークとの間のファイアウォールの設置、セキュリティ対策ソフトウェアの導入等が考えられます。

機器やソフトウェア等に標準装備されている自動更新機能等の活用により、ソフトウェア等を最新状態としたり、ログ等の分析を定期的に行って不正アクセス等を検知したりする方法もあると聞いたわ。

「④情報漏えい等の防止」としては、どのような対策が考えられるかな。

通信経路の暗号化、及びシステム内に保存されている特定個人情報等の漏えいを防止するため、データの暗号化やパスワードによる保護等が考えられます。

当院でクリアできていない点が散見されるな。物理的安全管理措置の対策は、事務長、庶務課、経理課を中心に取り組みをお願いする。また、技術的安全管理措置の対策は、情報システム課を中心に庶務課、経理課が連携して体制構築をお願いする。

承知しました。当院にとって適した方策を選定して講じていくことにします。

第14話　マイナンバーの安全管理措置③（物理的・技術的安全管理措置）

今回のポイント

- 物理的安全管理措置として、①特定個人情報等を取り扱う区域の管理、②機器及び電子媒体等の盗難等の防止、③電子媒体等を持ち出す場合の漏えい等の禁止、④個人番号の削除、機器及び電子媒体等の廃棄の対策を講じていく必要がある。
- 技術的安全管理措置として、①アクセス制御、②アクセス者の識別と認証、③外部からの不正アクセス等の防止、④情報漏えい等の防止の対策を講じていく必要がある。
- 中小規模事業者には、物理的安全管理措置、技術的安全管理措置ともに一般事業者と同等の対応が求められる項目が多い。軽減措置も限定的にあり、各事業者に適した対応を講じていく必要がある。

第15話 マイナンバー事務の委託

　マイナンバーに関する事務の外部委託について、院長は興味を持つ。本話では、番号法で認められているマイナンバー事務の委託や再委託の留意点等について確認する。

A. マイナンバー事務の外部委託

マイナンバーに関する事務（個人番号関係事務）を外部に委託できるのかな。

外部委託は可能です。番号法で認められていますし、職員等の同意は不要です。

具体的には、どのようなケースがあるのかな。

源泉徴収票等の税務関係の書類作成を税理士に委託するケースがあります。ただし、税理士の場合、法人税に関する書類作成を委託しているだけであれば該当しません。

社会保険や雇用保険等の書類作成を社会保険労務士に委託するケースもあるわね。

なるほど。契約する税理士や社会保険労務士が個人事業の場合、医療機関は彼らのマイナンバーの提供を受けつつ、医療機関の職員等のマイナンバーは彼らに提供することになるわけか。

第15話　マイナンバー事務の委託

 税理士と社会保険労務士はマイナンバーの利用分野である税金と社会保障の専門家だから、最もマイナンバーを取り扱う士業と言われているわよね。

 個人番号関係事務を委託した場合、委託先は改めて職員等からマイナンバーの提供を受けるのかな。

 いいえ。番号法で委託元（医療機関等）から一括して職員のマイナンバーの提供を受けることが認められています。

 確かに医療機関は既に提供を受けているのにもかかわらず、税理士や社会保険労務士が医療機関の職員に直接マイナンバーの提供を受けるというのは非効率よね。

 そうですね。ただし、マイナンバーの取得を委託契約に定めれば、委託先が医療機関の職員等のマイナンバーを直接取得することができます。

 ちょっと待ってよ。例えば、税理士と社会保険労務士のそれぞれの委託契約にマイナンバー取得（収集）を定めたとするわよね。そうすると、それぞれが医療機関の職員から直接取得することになり、取得業務が重複することになってしまうわよね。

 その通りです。税理士と社会保険労務士に取得までを委託するのは考えにくいですね。その他、マイナンバーに関する委託としては、クラウド会社の外部のサーバーにマイナンバーの保管業務を委託したり、前に話した（第10話）ように出向元と出向先が委託契約を締結して出向元が取得したマイナンバーを出向先に提供したり、別法人である本部にマイナンバーの取得・保管を委託したりするケースが現実的ではないでしょうか。

 それらとは別に、当院はシステム会社に当院の情報システムの構築や保守サービスを委託しているが、当該会社はマイナンバーを取り扱う委託先になるのだろうか。

当該保守サービスを提供する事業者がサービス内容の全部又は一部としてマイナンバーをその内容に含む電子データを取り扱う場合には、マイナンバー関連の委託に該当します。一方、単純なハードウェア・ソフトウェア保守サービスのみを行う場合で、契約条項によって当該会社がマイナンバーをその内容に含む電子データを取り扱わない旨が定められており、適切にアクセス制御を行っている場合などには、マイナンバー関連の委託に該当しません。

委託と言っても、個人番号を必要とする各種書類の作成を委託するパターン、マイナンバーの取得又は保管を委託するパターンに大別できるわけだね。

いずれにしても、委託先からマイナンバー等が漏えいすることが一番心配よね。

B. マイナンバー事務の委託先に対する「必要かつ適切な監督」

その通りです。ガイドラインにおいても、委託先に対する「必要かつ適切な監督」が求められています。具体的には、(1) 委託先の適切な選定（具体的な確認事項：委託先の設備、技術水準、従業者に対する監督・教育の状況、その他委託先の経営環境等）、(2) 委託先に安全管理措置を遵守させるために必要な契約の締結、(3) 委託先における特定個人情報の取扱状況の把握が示されています。

「(1) 委託先の適切な選定」としては、当院と同等の安全管理措置を講じているかという点が重要だよね。

厳密には、番号法等では、当院のような委託者が高度の安全管理措置をとっている場合まで、それと同等の措置を委託先に求めているわけではありません。番号法が求める水準の安全管理措置を前提とする「必要かつ適切な監督」が委託者に求められています。

なるほど。しかし、委託先を選定する際に安全管理措置の水準は気になるところだよね。

当院の職員等のマイナンバーを取り扱う委託先との新規契約及び更新契約については、以前の話（第12話～第14話）の内容に基づいて作成した当院オリジナルの「安全管理措置のヒアリングシート」を渡して回答してもらい、訪問調査も実施して契約の有無を決定する予定です。

「(2)委託先に安全管理措置を遵守させるために必要な契約の締結」について、業務委託契約書には何を定めるのかな。

①委託を行う具体的業務内容、②秘密保持義務、③院内からの特定個人情報の持ち出しの禁止、④特定個人情報の目的外利用の禁止等です。後述する「⑤再委託における条件」も必要です。

①委託を行う具体的業務内容については、番号法で認められる事務の範囲内で特定することが必要なわけだな。

後は何があるかしら。

「⑥漏えい等が発生した場合の委託先の責任」も必要です。委託先が責任を負うケース（免責のケース）、委託先の講じるべき措置、損害賠償の範囲、委託先の調査への協力等を定めておくことが必要です。

委託先の責任でマイナンバー等が漏えいした場合の損害賠償が委託契約に記載されているのであれば、少し安心よね。

とんでもない。委託先や再委託先からマイナンバーや特定個人情報が漏えいした場合等、当院は委託先に対する監督責任を問われる可能性があります。個人の重大な権利利益を害する事実があるため、緊急に措置をとる必要がある場合等、個人情報保護委員会からの是正命令の対象になることも番号法で規定されています。

その意味で業務委託契約書には、⑦委託契約終了後の特定個人情報の返却又は廃棄、⑧従業者に対する監督・教育等の項目も必要ね。

その通りです。⑦については前に（第14話）確認したように、番号法に基づいた記載が必要です。デジタルデータである場合も念頭に置いて、復元できない手段で廃棄・削除されること、廃棄等の証明書の交付を受けることなどです。

他に契約書に規定すべき項目はあるかな。

「⑨契約内容の遵守状況の報告」として、例えば、「3カ月ごとに書面にて報告を行う」、「当院の求めに応じて報告及び打ち合わせを行う」等を規定することが考えられます。

委託先にはできる限り、マイナンバー等を扱う担当者を限定してほしいわ。

それも重要ですね。「⑩特定個人情報を取り扱う従業者の明確化」として、「特定個人情報を取り扱う従業者を必要最小限とする」、「特定個人情報の取扱担当部署を指定することとし、○○とする」等の記載方法が考えられます。その他、「⑪当院が委託先に実地調査を行うことができる」の追記も要検討ですね。

ところで、個人情報の取り扱いと特定個人情報の取り扱いの条項を分別した契約とする必要があるのかな。

分別する必要はありません。番号法上の安全管理措置が遵守されることが条件です。

「(3) 委託先における特定個人情報の取扱状況の把握」で求められている監督義務とは、具体的にどのような内容かしら。

個人情報保護法に加えて求められる監督義務として、「マイナンバーを取り扱う事務の範囲の明確化」、「特定個人情報等の範囲の明確化」、「事務取扱担当者の明確化」、「マイナンバーの削除、機器及び電子媒体等の廃棄」があります。すべて先述の委託契約に盛り込んでいますので、契約項目に照らし合わせてチェックリストを作成し、監督するのが有効です。

C. マイナンバー事務の再委託

最後に再委託について確認しよう。そもそも再委託はできるのかな。

委託先がさらに外部者に個人番号関係事務の全部や一部を再委託することは可能です。ただし、個人情報保護法とは異なり、番号法は最初に委託した事業者の許諾を受ける必要があることを規定しています。

再委託の許諾の方法は決まっているのかしら。

制限は特段ないのですが、書面等によって記録として残る方法が望ましいとされています。

再委託先が問題を起こした場合、責任はどうなるのかな。

例えば、当院の許諾に基づいて当院が委託したA事務所がB事務所に委託した場合、B事務所に対しては、A事務所がB事務所に対して必要かつ適切な監督を行っているのかを当院は監督する義務があるのです。

A事務所に対しては直接の監督義務、B事務所に対しては間接的な監督義務を負うというわけだね。

第2章　マイナンバーの実務

間接的といっても、再委託先の監督を当院ができるのかしら。

再委託先の業務報告を受けることが考えられます。また、番号法は適切な取り扱いができない事業者への再委託を防止するため、再委託先は「委託を受けた者」とみなし、委託を受けた者と同等の地位に立つとしています。

委託先は再委託の許諾をいつ求めてくるのかしら。

再委託を行う時点で委託元に許諾を求めるのが原則ですが、例外があります。

業務委託契約の締結時点ということね。

その通りです。ア．再委託先となる可能性のある業者が具体的に特定され、イ．適切な資料等に基づいて当該業者が特定個人情報を保護するための十分な措置を講ずる能力があることが確認され、ウ．実際に再委託が行われたときは、必要に応じて委託者に対してその旨を報告し、再委託の状況について委託先が委託者に対して定期的に報告するとの合意がなされている場合には可能とされています。

委託業務契約書で再委託について定めていなかった場合はどうなるのかな。

別途、委託元と委託先で合意すれば、再委託は可能です。再委託を行うことが決まっている場合、委託先・再委託の業務内容、再委託先の安全管理措置等の義務、委託先の再委託先に対する監督義務、委託先による報告義務等を委託業務契約書に記載しておくのが良いです。

いずれにしても、経営陣は委託先を知っておく必要はあるな。

そうですね。マイナンバー関連の委託先は院長決裁に変更しています。

> **今回のポイント**

- マイナンバーに関する事務の外部委託は可能である。委託元の許諾があれば、再委託も可能である。
- システム会社等にマイナンバーの取得・保管業務を委託することも可能である。
- 委託先や再委託先がマイナンバーや特定個人情報を漏えいした場合など、事業者は委託先に対する監督責任を問われる可能性があり、委託先に対する「必要かつ適切な監督」が不可欠である。
- 委託先に対する「必要かつ適切な監督」として、(1) 委託先の適切な選定、(2) 委託先に安全管理措置を遵守させるために必要な契約の締結、(3) 委託先における特定個人情報の取扱状況の把握が求められている。

第16話 マイナンバーの漏えい対策

　重要個人情報であるマイナンバーの漏えいについて、院長は心配する。本話では、マイナンバーの漏えい、その他の番号法違反の事案などが発生した場合の対応方法について、委託先や再委託先から漏えいした場合も含めて確認する。

A. マイナンバーが漏えいした場合

マイナンバーが漏えいしてしまった場合、どうすればいいのかな。

実際の個人情報漏えい事件として、よく報道されているのは、委託先のアルバイトがデータを持ち出したとか、システムから漏えいしたなどがあるわね。

その他、大手銀行では権限のない自社の社員が持ち出したというようなこともありましたね。

どんなに高度な安全管理措置を構築しても、情報漏えいの可能性を0％にすることはできないわけだから、情報漏えいした場合の対応も考えておく必要があるね。

「事業者における特定個人情報の漏えい事案等が発生した場合の対応について」（平成27年特定個人情報保護委員会告示第2号）、「独立行政法人等及び地方公共団体等における特定個人情報の漏えい事案等が発生した場合の対応について」（平成27年特定個人情報保護委員会告示第1号）等に具体的内容が記載されています。

第16話　マイナンバーの漏えい対策

以下、当院を前提に確認していきましょう。

漏えい事案、その他の番号法違反の事案、又は番号法違反のおそれのある事案が発覚した場合、どのような措置を講ずることになるのかな。

「望まれる措置」として、(1) 事業者内部における報告、被害の拡大防止、(2) 事実関係の調査、原因の究明、(3) 影響範囲の特定、(4) 再発防止策の検討・実施、(5) 影響を受ける可能性のある本人への連絡等、(6) 事実関係、再発防止策等の公表が示されています。

「(1) 被害の拡大防止」は、具体的にどのような対応をとらなければならないのかな。

外部からの不正アクセスや不正プログラムの感染が疑われる場合、当該端末等のLANケーブルを抜いてネットワークからの切り離しを行うなどの措置を直ちに行うことが例示されています。

「(2) 事実関係の調査、原因の究明」はどのようにするのかな。

院内に管理職を委員長とする調査チームを立ち上げることなどを考えています。

当院の取扱規程の記載通りね。

外部専門家による第三者委員会の立ち上げも必要に応じて検討することが明記されていたよね。

内部職員による院内調査の方が迅速にできると考えられますが、社会的に影響が大きい場合、調査の公正性の観点等から、第三者委員会の方が適していることもあり、事案別に適宜判断することになります。

いずれにしても、第三者に任せっきりにするのではなく、自分たちの責任なのだから、責任を持って内部で調査する姿勢が必要だね。

「(3) 影響範囲の特定」とは、仮に漏えい事案の場合、どのようなことを示しているのかしら。

漏えいした特定個人情報の本人の数、漏えいした情報の内容、漏えいした手段、漏えいした原因等を踏まえ、影響の範囲を特定することが説明されています。

「(5) 影響を受ける可能性のある本人への連絡等」については、本人への連絡や公表をしなくてもよいケースはあるのかな。

あります。例えば、紛失したデータを第三者に見られることなく速やかに回収した場合や、高度な暗号化等の秘匿化が施されていて紛失したデータだけでは本人の権利利益が侵害されていないと認められる場合等が示されており、各事業者が事案の内容等を踏まえて判断することになっています。なお、サイバー攻撃等で、公表することでかえって被害の拡大につながる可能性があると考えられる場合、専門機関等に相談することも示されています。

本人に連絡する場合の手段はどうするのかな。

本人がアクセス(ログイン)できるホームページへの掲載、専用窓口の設置による対応等が示されています。

報告は内部調査でわかったときにすればよいのではないかな。病院における個人情報のUSB紛失事件でも、公表後に発見したということも多かったが…。

公表前に漏えいの事実が広まれば、当院に対する信用低下は不可避です。公表が遅れることで、二次被害を引き起こすおそれもあります。二次被害を防止するためにも早々に公表し、調査後に最

第16話　マイナンバーの漏えい対策

終報告書に基づいて詳細な説明をすることになるでしょう。

番号法違反の事案又は番号法違反のおそれのある事案を把握した場合、行政への報告はどうなっているのかしら。

事実関係及び再発防止策等について、事業所管の主務大臣等または個人情報保護委員会への報告が求められています。

個人情報保護委員会への報告は、どのような事案の場合にするのかしら。

特定個人情報ファイルに記録された特定個人情報の漏えい等の特定個人情報の安全確保に係る重大事態が生じたときは、個人情報保護委員会に報告することになっています。

「重大事態」の基準はあるのかな。

はい。「①情報提供ネットワークシステム等又は個人番号利用事務を処理するために使用する情報システムで管理される特定個人情報が漏えい等した事態、②漏えい等した特定個人情報に係る本人の数が100人を超える事態、③特定個人情報を電磁的方法により不特定多数の者が閲覧することができる状態となり、かつ閲覧された事態、④従業員等が不正の目的をもって、特定個人情報を利用し、又は提供した事態」の四つが重大事態として示されています。

個人情報保護委員会には、どのような内容を報告するのかしら。

「①概要及び原因、②特定個人情報の内容、③再発防止のためにとった措置、④①〜③のほか、個人情報保護委員会が定める事項」とされています。報告様式は、個人情報保護委員会ウェブサイトに掲載されています。

B. 委託先又は再委託先からマイナンバーが漏えいした場合

例えば、当院の事務を委託しているA事務所の再委託先のB事務所で重大事態に該当する事案が生じた場合、B事務所から直接個人情報保護委員会に報告させるのかな。また、委託先のA事務所と再委託先のB事務所が共同で個人情報保護委員会に報告するのかな。

当院は委託先のA事務所、再委託先のB事務所に対する必要かつ適切な監督義務があることを踏まえ、当院が必要事項を盛り込んだ報告をする必要があると考えられています。ただし、当院と委託先のA事務所、再委託先のB事務所が共同で報告すること、当院の報告に加えて、委託先のA事務所、再委託先のB事務所が事案における詳細を個人情報保護委員会に直接報告することも想定されています。

監督義務が個人情報保護委員会への報告にも求められているわけね。

はい。最終的には、被害者や委託先への損害賠償も検討・実行することになります。

> **今回のポイント**
>
>
> ●漏えい事案、その他の番号法違反の事案等が発生した場合、(1) 事業者内部における報告、被害の拡大防止、(2) 事実関係の調査、原因の究明、(3) 影響範囲の特定、(4) 再発防止策の検討・実施、(5) 影響を受ける可能性のある本人への連絡等、(6) 事実関係、再発防止策等の公表に取り組む必要がある。
> ●重大事案については、個人情報保護委員会に報告する必要がある。
> ●委託先や再委託先で重大事態に該当する事案が生じた場合、委託元は個人情報保護委員会に直接報告する必要がある。

第3章

医療等分野における今後の番号制度

第17話 番号法の改正と「医療等ID」の導入

　マイナンバーの利用範囲の拡大について、院長は興味を持つ。第3章では、現在までの行政等の公表資料を踏まえつつ、医療等分野における今後の番号制度について確認する。本話では、個人情報保護法と同時改正された番号法の利用範囲の拡大、医療等分野におけるマイナンバーとは異なる医療等IDの導入について確認する。

A. 医療分野におけるマイナンバーと医療等ID

社会保障・税金・災害対策の三つの分野に利用が限定されているマイナンバーだが、将来は医療分野にも利用されるという話を聞いたのだが…。

そう言えば、「マイナンバーによって、近い将来、医療機関間の情報連携が飛躍的に進む」という話も聞いたわ。

12桁のマイナンバー（個人番号）は、医療分野で利用範囲が広がることは事実です。ただし、社会保障分野とは年金、労働、福祉・医療等に大別されますので、三つの分野の範囲内での拡大です。また、マイナンバーが医療機関間の情報連携を推進するというのは誤解を含んでいます。

すると、医療機関間の情報連携の推進は期待できないわけね。

第 17 話　番号法の改正と「医療等 ID」の導入

そうではありません。医療機関間の情報連携においては、マイナンバーとは異なる「医療等 ID」の導入が決定されています。

「医療等 ID」という言葉は聞いたことがあるね。医療分野へのマイナンバーの利用範囲の拡大、及び「医療等 ID」の導入が決定されるまでには様々な議論があったと思うので、その経緯から確認していこう。

当然にマイナンバーの議論とも関連しているわよね。平成 25 年 5 月に番号法等のマイナンバー関連 4 法案が成立しているけど、そもそも、いつ頃から番号制度について検討が始まったのかしら。

政府・与党社会保障改革検討本部は、平成 21 年 12 月公表の「平成 22 年度税制改正大綱」で番号制度の導入について言及し、その後、様々な過程を経て、平成 23 年 6 月に「番号制度の構築」をテーマとした「社会保障・税番号大綱」を決定しています。

その中では、医療分野での番号制度についても触れられているのかな。

はい。「番号制度で何ができるか」の一つとして「(5) 事務・手続の簡素化」があり、その中に「医療機関における保険資格の確認」が示されています。

医療機関におけるオンラインでの医療保険資格の確認が可能になれば、レセプトへの資格情報の転記ミスや保険者の異動情報が確認できないことなどで発生している医療費の過誤調整事務が軽減でき、医療機関、審査支払機関、保険者等における事務コストを削減できるというわけだね。

その通りです。さらに、「(6) 医療・介護等のサービスの質の向上等に資するもの」として、番号制度の下でできる限り多くの場面で用いるべきとして、下記の内容が利用場面の一例として示されています。

第3章 医療等分野における今後の番号制度

【医療・介護等のサービスの質の向上等に資する番号制度の利用場面の例】

①転居した場合であっても、継続的に健診情報・予防接種履歴が確認できるようになる。
②行政機関において、乳幼児健診履歴等について、継続的に把握できるようになり、児童虐待等の早期発見に資する。
③難病等の医学研究等において、継続的で正しいデータの蓄積が可能となる。
④地域がん登録等において患者の予後の追跡が容易となる。
⑤介護保険の被保険者が市町村を異動した場合において異動元での認定状況、介護情報の閲覧が可能となる。
⑥医療機関と行政機関等との情報連携を進めることにより、各種行政手続等において本人に求めている診断書の添付が不要となる。
⑦保険証機能を券面に「番号」を記載した1枚のICカードに一元化し、ICカードの提示により、年金手帳、医療保険証、介護保険証等を提示したものとみなすこととすることで、利用者の利便性の向上を図ることができる。

出典：政府・与党社会保障改革検討本部「社会保障・税番号大綱」（平成23年6月）より抜粋

平成23年には、医療分野においても様々な番号制度による利用方法が既に示されていたわけだね。

はい。そして、本大綱は、医療分野等の番号制度については、個人情報保護法又は番号法の特別法を整備する必要があることにも言及しています。

医療分野等で取り扱う情報は機微性が高いものね。

医療情報は個人情報の中でも別格であり、かつ「番号法のみでは、医療分野等の番号制度を構築することは無理がある」と考えられていたわけだね。

その通りです。その後、平成24年9月に「医療等分野における情報の利活用と保護のための環境整備のあり方に関する報告書」（社会保障分野サブワーキンググループ及び医療機関等における個人情報保護のあり方に関する検討会）が取りまとめられています。

本報告書のポイントは何かしら。

本報告書では、医療等分野の情報には所得情報等と安易に紐付けされない仕組みが必要であるため、「マイナンバーとは異なる、医療等分野でのみ使える番号（医療等ID）や安全で分散的な情報連携の基盤を設ける必要がある」との結論が示されています。

そうすると、マイナンバーとは異なる新たなインフラ整備をするということになるね。

それでは二重投資になってしまうため、マイナンバー制度に基づくインフラについては、可能な範囲で共用を検討すべきことにも言及しています。

医療分野等の情報連携に用いる番号のあり方、情報連携が想定される具体的な利用場面、番号制度のインフラの活用の考え方等について、引き続き検討していくということだね。その後の検討結果はどうなったのかな。

平成26年5月に「医療等分野における番号制度の活用等に関する研究会」（以下、本章では「研究会」という）が設置され、平成26年12月に「中間まとめ」、平成27年12月に「報告書」が公表されています。

医療等分野のみで使える「医療等ID」を導入する方針は結局、いつ決定されたのかな。

平成26年12月の研究会の「中間まとめ」を受けて、政府は平成27年5月の産業競争力会議で医療等分野において、「医療連携や

研究に利用可能な番号」として、マイナンバーとは異なる「医療等ID」を導入する方針を決定しています。翌月の平成27年6月に閣議決定された「『日本再興戦略』改訂2015」においても、マイナンバーとは別に医療等分野専用の番号制度を導入するという方針が明示されています。

日本医師会からも提言が出ていたようだけど…。

はい。日本医師会は「医療分野等ID導入に関する検討委員会」を設置し、平成27年7月に「中間とりまとめ」を公表しています。

どのような内容が提言されているのかな。

具体的には、研究会の「中間まとめ」と同様に、「マイナンバーを医療連携等に用いるのではなく、医療分野専用の番号もしくは符号(医療等ID)を創設すること」、「社会インフラ投資という観点からマイナンバー制度で構築するシステム、既存の機関等を最大限活用すること」等が提言されています。

医療等IDの仕組み等に関しては、どのように提言されているのかしら。

医療等IDの実現に向けた検討事項として、「①一人に対して目的別に複数のIDを付与できる仕組み」、「②本人が情報にアクセス可能な仕組み」、「③情報の突合が可能な仕組み」、「④医療等IDに関する法整備」を挙げています。

全く心構えができていないが、研究会の提言内容はいつ頃から導入される予定なのかな。

具体的には平成30年度から段階的な運用が開始され、平成32年までに本格運用する予定が示されています。

第 17 話　番号法の改正と「医療等 ID」の導入

それほど猶予はないな。再確認だが、番号制度の利用範囲を医療分野で拡大していくに当たって、マイナンバーは利用しないということだね。

いいえ、そうとも言えません。実は前に（第 5 話）確認した平成 27 年 9 月の個人情報保護法の改正と同時に番号法も改正されており、金融分野や医療等分野等における利用範囲の拡充が決定しているのです。

そうなのか。平成 28 年 1 月のマイナンバー利用開始前なのに、既に番号法が改正されていたとは驚きだね。

これまでに（第 1 章・第 2 章）確認したマイナンバーの利用範囲が拡大される内容は何かしら。

下表にあるように、預貯金口座への付番、特定健康診査情報の管理等、予防接種履歴の情報連携、地方公共団体の要望を踏まえた利用範囲の拡充等です。

【マイナンバーの利用範囲の拡大等について】

『世界最先端 IT 国家創造宣言』（平成 26 年 6 月 24 日閣議決定）等を踏まえ、さらなる効率化・利便性の向上が見込まれる分野についてマイナンバーの利用範囲の拡大や制度基盤の活用を図るとともに、マイナンバー制度の主たる担い手である地方公共団体の要望等を踏まえ、所要の整備を行う。

1. 預貯金口座へのマイナンバーの付番
   ①預金保険機構等によるペイオフのための預貯金額の合算において、マイナンバーの利用を可能とする。
   ②金融機関に対する社会保障制度における資力調査や税務調査でマイナンバーが付された預金情報を効率的に利用できるようにする。
2. 医療等分野における利用範囲の拡充等
   ①健康保険組合等が行う被保険者の特定健康診査情報の管理等に、マイナンバーの利用を可能とする。

> ②予防接種履歴について、地方公共団体間での情報提供ネットワークシステムを利用した情報連携を可能とする。
> 3. 地方公共団体の要望を踏まえた利用範囲の拡充等
> ①すでにマイナンバー利用事務とされている公営住宅（低所得者向け）の管理に加えて、特定優良賃貸住宅（中所得者向け）の管理において、マイナンバーの利用を可能とする。
> ②地方公共団体が条例により独自にマイナンバーを利用する場合においても、情報提供ネットワークシステムを利用した情報連携を可能とする。
> ③地方公共団体の要望等を踏まえ、雇用、障害者福祉等の分野において利用事務、情報連携の追加を行う。

出典：内閣府大臣官房番号制度担当室「個人情報の保護に関する法律及び行政手続における特定の個人を識別するための番号の利用等に関する法律の一部を改正する法律案（概要）」＜マイナンバー法改正部分＞（平成27年2月16日）」より抜粋

この他にも、戸籍事務、旅券事務、自動車の登録等に係る事務での利用拡大も検討されているみたいね。

行政事務の効率化の視点を踏まえ、今後のマイナンバーの利用範囲は、さらなる拡大が予想されます。

B. 医療分野における番号制度拡充のための三つのステップ

平成23年6月の「社会保障・税番号大綱」には、医療分野における番号制度の利用としてもっと多くの場面が提案されていたが、これらのマイナンバーと医療等IDの関係、及び導入スケジュールはどのようになっているのだろうか。

平成27年12月の研究会の報告書（概要）では、三つのステップで拡充することが示されています。「ステップ1」は「行政機関における医療分野での利用拡充」として、①保険者での健診データの管理、②予防接種の履歴の共有が示されています。

その二つが番号法改正に基づいて実施されるものね。

第 17 話　番号法の改正と「医療等 ID」の導入

はい。平成 29 年 7 月頃から医療保険者や自治体の情報連携によって開始される予定になっています。そして、「ステップ 2」の「医療保険システムの効率化・基盤整備」は早くても同時期以降の稼働になるとし、医療保険のオンライン資格確認が示されています。

「ステップ 1」においては医療等 ID ではなく、マイナンバーを活用するということだったが、「ステップ 2」についてはどうなっているのかな。

「ステップ 2」についても、医療等 ID ではなく、マイナンバーの活用が予定されています。「ステップ 1」と「ステップ 2」の項目を実現するため、マイナンバーをどのように利用するのかについては、後で（第 18 話・第 19 話）確認します。

そして、「ステップ 3」で医療等 ID が登場するということだね。

その通りです。「ステップ 3」は「医療連携や研究分野に ID を活用」とし、①医療機関・介護事業者等の連携、②本人への健康医療情報の提供・活用、③健康・医療の研究分野等が示されています。後で（第 20 話）確認します。

「ステップ 3」の項目は、いつ頃から導入が開始される予定なのかしら。

平成 30 年以降に開始し、平成 32 年までに本格的に導入するスケジュールになっています。

それまでにシステム改修やネットワーク接続等のインフラの構築、データの標準化や普及の推進がなされるというわけだね。

はい。当院としても情報を把握しつつ、対応策を検討して実行に移していく必要があります。

C. 地域医療構想と医療等ID

「地域医療構想」ばかりに目を向けていたが、それだけでは不十分のようだね。

特に医療等IDは、地域医療構想のテーマである「効果的・効率的な医療提供体制の構築」を実現するツールの一つであるという認識が必要ではないでしょうか。医療等IDは、効率性に加えて医療の質向上にも寄与するものです。そのため、特に医療機関が密集している地域では、役割や強みとする医療機能を明確にし、機能を集約化する医療機関の動きは加速していくことになるでしょう。

そう言えば、公立病院で看護部長をしている私の友人が平成37年（2025年）の具体的将来像を踏まえつつ、平成28年度から平成32年度までを計画期間とする「新公立病院改革プラン」を平成28年度中に作成して公表しないといけないと言っていたわ。

そうですね。「新公立病院改革ガイドライン」には、医療等IDについては触れられていませんが、平成32年までには保険資格のオンライン確認や医療等IDに係るシステム改修、及びそれによる運用方法の見直しが必要になってくると予測されます。そのため、マイナンバーの医療分野への利用拡大や医療等IDについても、各病院が作成する「新公立病院改革プラン」の中で押さえておく必要はあるでしょう。

改正個人情報保護法は民間事業者が対象だが、前に（第5話）確認したように行政、独立行政法人、民間の個人情報の取り扱いを統一する役割も個人情報保護委員会に期待されていたね。雇用分野を含めて個人情報保護への対応についても押さえておきたいね。

第17話 番号法の改正と「医療等ID」の導入

今回のポイント

- ●個人情報保護法と同時期に番号法も改正されており、平成29年7月から段階的にマイナンバーの活用により、①保険者での健診データの管理、②予防接種の履歴の共有、③医療保険のオンライン資格確認が開始される予定である。
- ●マイナンバーと異なる医療等IDの利用方法として、①医療機関・介護事業者等の連携、②本人への健康医療情報の提供・活用、③健康・医療の研究分野への活用が予定されており、平成30年以降に開始し、平成32年までに本格的導入するスケジュールである。
- ●医療等IDは、地域医療構想のテーマである「効果的・効率的な医療提供体制の構築」を実現するツールの一つと考えられ、各病院が役割や医療機能を明確化し、医療連携を推進する動きは加速すると予測される。
- ●各公立病院が作成する「新公立病院改革プラン」において、マイナンバー、医療等ID、個人情報保護への対策を取り込むことが有効である。

第18話 保険者の健診データの管理及び自治体の予防接種履歴の共有

　マイナンバーの利用範囲の拡大に関連し、特定健診データとレセプトデータの照合が進んでいない状況について、院長は指摘する。本話では、番号法改正による保険者間での健診データの管理、自治体の予防接種履歴の共有の仕組みについて確認する。平成29年1月から運用開始予定のマイナ・ポータルの活用方法についても確認する。

厚生労働省が運用している「ナショナルデータベース」（NDB）において、「特定健診データとレセプトデータの照合が20％程度しかできない」ということが平成27年9月に各紙で報道されていたよね。

健診実施機関や医療機関によって、受診者の被保険者証の記号等の入力方法が「全角」「半角」で異なるほか、氏名も「カタカナ」や「漢字」が混在し、統一されていなかったことが原因であると言われていたわ。

会計検査院は、「平成30年度に予定されている第2期医療費適正化計画の評価で、収集・保存されているデータをもとに医療費適正化に及ぼす効果を適切に評価できなくなる」と指摘していたね。

はい。そのような状況もあり、番号法の改正によって、マイナンバーの「行政機関における医療分野での利用拡充」として、①保険者間での健診データの管理、②自治体の予防接種の履歴の共有が実施される予定です。

第18話 保険者の健診データの管理及び自治体の予防接種履歴の共有

医療保険者や自治体の情報連携を前提とし、平成29年7月頃から開始される予定だったね。

どのような仕組みが予定されているのかしら。

A. 保険者間での健診データの管理

「①保険者間での健診データの管理」から説明することにします。当院で健診を受ける際、受診者はマイナンバーを用いず、健康保険の被保険者証記号・番号を利用します。健診の結果、再度受診する場合においても、同様に被保険者証記号・番号を利用します。

すると、健診機関ではマイナンバーは取り扱わず、受診者から提供を受けないわけだね。

その通りです。ゆえに、当院のマイナンバーへの対応は今までと変わりません。

すると、医療保険者は受診者の健診データをどのように管理するのかしら。

医療保険者は、健診データを加入者の資格情報と合わせてマイナンバーで紐付けて管理します。

医療保険者は資格取得届等の際に各加入者のマイナンバーを収集するから、被保険者証記号・番号と紐付けて保有できるわけだよね。

はい。そして、転居（国民健康保険の市町村の異動）、就職・転職（社会保険の保険者［全国健康保険協会、健康保険組合、共済組合等］の異動、国民健康保険と社会保険の異動）等により、医療保険者が変更した場合、異動後の保険者は異動前の医療保険者から健診データの提供を受けて、異動前の医療保険者と同様に当該健診データを加入者の資格情報と合わせてマイナンバーで紐付

けて管理します。

健診データとマイナンバーは異動前と異動後も同じであり、加入者の資格情報が各医療保険者で異なることになるわけね。

そうなるな。しかし、健診データは個人情報だよね。そうなると、本人（加入者）の同意がないと、第三者である異動後の医療保険者に対して異動前の医療保険者は健診データを提供できないのではないかな。

その通りです。「具体的な引継ぎの際の紐付けの方法等は、保険者・関係機関との調整が必要」とされており、異動後の医療保険者が異動前の医療保険者に新加入者の健診データの提供依頼をすることになっています。

その依頼を踏まえ、異動前の医療保険者は本人（前加入者）の同意を得たうえで健診データを提供するというわけだね。

はい。また、異動前の健診データは、医療保険者の異動後においても本人（加入者）はマイナ・ポータルを活用して確認することができます。

マイナ・ポータルには、本人に特定個人情報を開示する仕組みがあったものね。

ちょっと待ってくれ。前にも（第2話）、「個人番号カードがあると平成29年1月から運用開始予定のマイナ・ポータルの利用ができる」という話があったが、そもそも「マイナ・ポータル」とは何かな。

「マイ・ポータル」から名称が変更し、「マイナ・ポータル」が正式名称になったのよね。

はい。「情報提供等記録開示システム」のことであり、行政の効率化や国民の利便性向上につながるものです。マイナ・ポータル

の複数のメリットのうち、「情報提供記録表示」は、自己のマイナンバーの不正利用を把握し、不正利用を発見した場合、個人情報保護委員会に報告し、勧告、命令、指導等の措置をとることが可能であるため、特に重要です。

マイナンバーの保持者が自分の特定個人情報を、いつ、誰が、なぜ利用したのかの履歴を確認できるというわけね。他のメリットにはどのようなものがあるのかしら。

行政機関等が持っている自分の特定個人情報の内容を確認できる「自己情報表示」、一人ひとりに適した行政からの案内を受け取ることができる「プッシュ型サービス」、行政機関等への手続きを一元的に行うことができる「ワンストップサービス」等があります。

「プッシュ型サービス」によって、異動前の健診データも踏まえ、異動後の医療保険者から健診等の案内を受け取ることが可能になるということだね。

その通りです。以上のように、特定健診等の保険事業の情報を医療保険者間で円滑に引き継ぐことで、効果的な保険事業の実施が可能になり、加入者の健康増進の取り組みや医療費の適正化にもつながるわけです。

乳幼児健診履歴等が継続的に把握できることにより、児童虐待等の早期発見にも資すると言われているわね。

B．予防接種の履歴の共有

なるほど。それでは、「②予防接種の履歴の共有」の仕組みはどうなっているのかな。

基本的には、「①保険者間での健診データの管理」と類似しています。予防接種は予防接種法に基づく自治体の行政事務であるた

め、主体となる対象は、「健診機関→予防接種の実施機関」、「医療保険者→自治体」に変更します。

それでは、医療保険者の「被保険者証記号・番号」に対し、自治体は予防接種の「接種記録」を受診者の何と合わせてマイナンバーで紐付けて管理するのかしら。

「住民票情報」です。

わかったわ。そして、転居により、住民票を有する自治体が変更した場合、異動後の自治体は住民の異動前の自治体から接種記録の提供を受けて、異動前の自治体と同様に当該接種記録を住民の住民票情報と合わせてマイナンバーで紐付けて管理するわけね。

その通りです。ただし、予防接種法による予防接種は、接種の実施に当たって接種についての本人の同意を得ており、この予防接種歴は公衆衛生行政の実施に当たって必要な情報であることなどから、法律上の手当をすれば、本人の同意なく自治体間で予防接種歴の連携ができるとされています。

ということは、異動後の自治体は異動前の自治体に転居者の接種記録の情報を照会し、異動前の自治体は本人の同意なく回答するということだね。

はい。そのための情報提供ネットワークシステムが自治体間に構築されることになっており、自治体間での予防接種記録の情報管理や検索が効率的かつ確実になります。

そして、健診データと同様に、住民はマイナ・ポータルを活用し、過去の予防接種歴を確認したり、自治体から予防接種の案内を受け取ったりすることもできるというわけだね。

第 18 話　保険者の健診データの管理及び自治体の予防接種履歴の共有

今回のポイント

- 平成 29 年 7 月頃から、マイナンバーを活用し、①保険者間での健診データの管理、②自治体の予防接種履歴の共有が推進されるが、健診機関や予防接種の実施機関が利用者からマイナンバーの提供を受けることはない。
- 平成 29 年 1 月から運用開始予定のマイナ・ポータルには、自己のマイナンバーの不正利用を把握できたり、行政機関等が持っている自分の特定個人情報の内容を確認できたりする等のメリットがある。

第19話 医療保険のオンラインでの資格確認

　マイナンバーの利用範囲の拡大の一つとして掲げられている「医療保険のオンラインでの資格確認」の仕組み等について、院長は興味を持つ。本話では、平成30年から段階的導入が考えられている個人番号カードを健康保険証としてオンラインで資格確認する仕組み等について確認する。

次に、マイナンバーを活用した「医療保険のオンラインでの資格確認」を確認していくことにしよう。

早くても平成29年7月以降という話だったわね。当院のような医療機関の運営に直接影響を与えそうなので、気になるところだわ。医療等IDではなく、マイナンバーやそのインフラを活用するものだったわね。

はい。研究会の報告書では、導入の初期費用や運営コストを精査しつつ、ICカードの二重投資を避け、広く社会で利用される情報インフラを安全かつ効率的に活用する観点から、個人番号カードの公的個人認証を活用した仕組みを基本とすることが合理的であるとしています。

資格確認は具体的にどのように行うのかな。

医療機関の窓口において、個人番号カードを健康保険証として活用するというものです。

A. 現行の健康保険証の確認方法の問題点

現行の健康保険証の確認方法においては、どのような問題が起きているのかな。

保険医療機関である当院では、保険診療で患者さんが受診した際、原則として健康保険証の提示を受けて被保険者資格を確認し、資格情報を診療録に記録しています。また、被保険者証の確認は保険給付を提供する都度ではなく、歴月単位で確認しています。

過去に外来受診の都度、毎回提示を求めていたら、「いつも受診しているのに毎回提出はどうにかならないのか」という患者さんの意見もあり、当院の事務の効率化の観点からも毎月1回にしているわよね。

このような方法においては、被扶養者が新しい保険者に加入したのに従前の被保険者証を提示した場合、当院の被保険者証の記号・番号の転記ミス等によって正しい被保険者資格の確認と記録が行われない場合等、当院が診療報酬の保険請求をした後で返戻されることになり、その確認に時間を要するという問題があります。また、不正に他人が本人に成りすまして被保険者証を使用することを防止できない場合もあります。

平成22年度の社会保険診療報酬支払基金のデータでは、資格関係の請求誤りのレセプト件数は約414万件であるとされているわね。

主な原因は、新しい被保険者証の確認漏れと保険医療機関等での入力ミスによるものと推定されています。

資格喪失後に被保険者証を保険者に返さないで受診した場合等、保険医療機関側の責任によらない診療報酬の請求については、従前の保険者が保険医療機関から請求を受けて支払い後、被保険者に請求すべき返還金を円滑に処理するため、保険者間で調整する

手続きを整備した経緯もあったな（平成 26 年 12 月 5 日厚生労働省保険局保険課長・国民健康保険課長・高齢者医療課長通知）。

はい。このような状況を踏まえ、個人番号カードを健康保険証として活用し、オンラインで確実かつ効率的に資格確認することにより、公的医療サービスの公正な利用の確保、請求支払事務の支援や効率化に資することが期待されているのです。

B．健康保険証としての個人番号カードの活用

「個人番号カードを健康保険証として活用」という方法については、いろいろと疑問が出てくるな。医療機関の窓口で個人番号カードを健康保険証として活用するのであれば、個人番号カードにはマイナンバーが記載されているので、医療機関は患者さんのマイナンバーを閲覧することにならないだろうか。

非常に重要な視点です。個人番号カードの裏面のマイナンバーが盗み見られることのないよう、マイナンバーを見えにくくする表示の工夫、マイナンバー等が見えないカードケースの配布等、個人番号カードを安全に利用するための対策を講じることが考えられています。

それでも、医療機関の窓口で個人番号カードを預かるのよね。

いいえ。医療現場では個人番号カードを預からず、オンラインで資格確認する方式が示されています。

そうなると、患者さんのマイナンバーは医療機関では取得しないため、取得する患者さんの診療情報とマイナンバーが医療機関において紐付けて管理されることはなくなるわけね。

その通りです。「見えない」、「預からない」ことにより、診療情報とマイナンバーは統合されません。また、個人番号カードの中

に医療情報は入れないことはもちろんですが、医療保険の資格情報も入れないことになっています。

それだと、どうやって個人番号カードで医療保険の資格を確認するのかね。

その前に、平成28年4月施行の「持続可能な医療保険制度を構築するための国民健康保険法等の一部を改正する法律」(医療保険制度改革法)を説明させて下さい。

あまり当院では話題にならなかったような…。

そうですね。当面は当院の運営に影響を与えるものではありませんので。

どのような改正がなされたのかな。

主な改正点は、医療保険者が保険給付、保険料徴収等に関する情報の収集、利用等に関する事務を社会保険診療報酬支払基金(以下「支払基金」という)及び国民健康保険団体連合会(以下「国保中央会」という)に対し、共同して委託できるようにすることなどです。

それがマイナンバーとどのように関係するのかな。

マイナンバー制度では、前に(第18話)触れたように医療保険者は、被保険者の資格情報をマイナンバーと一対一の関係で管理し、他の医療保険者との間で健診データを情報連携することが予定されています。しかし、各保険者が情報提供ネットワークシステムに直接に接続して情報連携する場合、被保険者が異動する都度、住基ネットに接続して「機関別符号」を取得する必要があり、保険者ごとに住基接続の固定費や体制確保が必要になるのです。

そうなると、各保険者単位での負担が大きいだけでなく、医療保険制度全体でも運営コストが大きくなることが危惧されるね。

 はい。そのため、既存のネットワークを活用し、支払基金と国保中央会が取りまとめ機関となって、各医療保険者から情報の収集、利用等に関する事務について共同で委託を受けることになったのです。

 その方法により、支払基金と国保中央会が一元的に住基ネットと情報提供ネットワークに接続し、マイナンバー制度の導入に伴う保険者負担と制度全体の運営コストの軽減を図ることになったわけね。

 現在の医療保険の被保険者証番号は、保険者を異動する度に変わる番号であり、保険者によって個人単位と世帯単位に異なる番号体系になっているよね。

 その通りです。一方、マイナンバー制度による自治体等の情報連携の稼働後(平成29年7月以降の予定)は、支払基金と国保中央会が、各保険者の委託を受けて保険者から提出された被保険者の資格情報(氏名、被保険者番号、加入期日、被保険者証の有効期限等)を管理し、各保険者が共同で資格履歴を確認できる仕組みを整備することを予定しているのです。

 そのようなシステムが既に完成しているのかしら。

 平成27年12月の研究会の報告書では、「現在、システムの設計開発に着手している」と述べられています。

C. 個人番号カードによるオンラインでの資格確認

 そうなると、医療保険の資格確認のフローはどうなるのかな。

詳細な説明は省きますが、研究会の報告書では下記のように示されています。

「個人番号カードの公的個人認証を活用した オンライン資格確認の仕組み」

①支払基金と国保中央会は、医療保険者からの委託を受けて、共同でオンライン資格確認のサービス機関の役割を担う。

②支払基金・国保中央会は、保険者から共同で委託を受けて、保険者から提出された医療保険の被保険者の資格情報を管理するとともに、支払基金は住基ネットに接続して、あらかじめ、被保険者一人ひとりのマイナンバーに対応した機関別符号を取得する。

③被保険者は、保険医療機関・保険薬局(以下「保険医療機関等」という)に受診する際、個人番号カードを提示する。

④保険医療機関等では、個人番号カードの顔写真と名前により本人の確認をして、職員等がICチップから電子証明書をカードリーダーで読み取り(=個人番号カードを預からない)、支払基金・国保中央会に対し、資格情報を要求する。

⑤支払基金・国保中央会は、地方公共団体システム機構に対し、電子証明書に対応する機関別符号を照会する。あらかじめ取得している機関別符号の中から、回答された機関別符号と一致するものを引き当てることで、この電子証明書と対応する機関別符号と資格情報を一対一の関係で管理する。

⑥支払基金・国保中央会は、保険医療機関等から照会された電子証明書に対応する資格情報を保険医療機関等に通知する。

⑦支払基金・国保中央会は、電子証明書に対応する機関別符号や資格情報を一対一の関係で管理した後は、保険医療機関等から資格情報の要求があった場合、地方公共団体システム機構に対し電子証明書の有効性のみを照会・確認した上で、資格情報を通知する。

出典:「医療等分野における番号制度の活用等に関する研究会 報告書」(平成27年12月)より抜粋

このような仕組みに現行の医療機関は対応できないだろうから、当然にシステム改修が必要だよね。保険医療機関等から保険者への平成27年5月分のレセプト請求では、件数ベースで99%が電

子化され、73％がオンラインで請求（施設数ベースでは90％が電子請求、53％がオンライン請求）されており、審査支払機関を含め、医療保険制度の診療報酬の請求支払や審査事務の運営基盤は、ほぼ電子化されているが…。

保険医療機関や保険薬局では、ICチップの読み取り装置の確保、及び通知された資格情報を安全に管理するため、レセプト請求システム等の改修が必要になると考えられています。

すべての医療機関において、そのような改修資金を確保することができるのだろうか。

研究会の報告書では、「システム改修等を円滑に行うためには、平成30年4月の診療報酬改定に伴うシステム改修と併せて対応する方法が考えられる。支払基金・国保中央会や保険医療機関等のシステム改修等が円滑にできるよう、初期費用の対策を別途講じることも検討しながら、平成30年4月以降、準備が整った保険医療機関等からテスト運用の機会を確保し、段階的に導入していく必要がある」としています。

次回の診療報酬改定は、看護配置基準や医療型療養病床等のあり方に加え、これらのシステム改修へのインセンティブも論点になりそうだね。

しかし、すべての医療機関が同時期にシステムを改修できるわけではないから、当面は現行の被保険者証も必要よね。

はい。「すべての保険医療機関と保険薬局で、個人番号カードによるオンライン資格確認の対応がとられ、個人番号カードが国民すべてに普及するまでの間は、現行の被保険者証も必要であり、保険者においては被保険者証を交付する必要がある」としています。

そうだよね。個人番号カードが国民すべてに普及するには相当程度の期間を要するだろうし。そうなると、医療機関においてもオ

ンライン確認と現行の目視確認が混在して管理が煩雑になることも考えられるよね。

「『資格確認用番号（仮称）』（保険者を異動しても変わらない番号）を被保険者証に記載するなどの方法により、できるだけ導入の初期費用や運営コストがかからないようにしつつ、被保険者証でも安全かつ効率的にオンライン資格確認ができる仕組みを検討する必要がある」との意見も研究会の報告書には記載されています。

資格異動の事実が生じてから被保険者（国民健康保険の場合）又は事業主（全国健康保険協会等の被用者保険の場合）が保険者に届出を行うまでに一定日数の猶予があり（例えば、市町村国保は、住民票の登録と同じく14日の間に被保険者が届出を行う）、その間に被保険者が受診する場合もあるわよね。

そうだね。オンラインで資格確認を行う場合でも、一定期間のタイムラグは生じることになるよね。

その通りです。課題として指摘されています。

他に指摘されている課題はないのかな。

あります。オンライン資格確認は、支払基金・国保中央会が保険者から被保険者の資格情報の管理等の事務を共同で委託を受けるという法的根拠をベースに設計するので、生活保護受給者については、制度上、医療保険の資格確認の仕組みに入れることは難しいということです。

でも、生活保護受給者の資格確認は、医療扶助の給付費の適正化だけでなく、無資格者の把握の観点からも重要よね。

はい。そのため、「まずは、医療保険のオンライン資格確認の仕組みを整備することとし、そのシステム設計において、医療保険

に加入していない者の情報があった場合に、それが生活保護受給者であるのか、本来、国保の加入手続きをすべきなのにしていない者であるのかを把握できる仕組みを検討すべき」との意見も研究会の報告書には記載されています。

平成30年度から段階的に導入し、平成32年までに本格運用することを目指して準備を進めるというスケジュールは、各医療機関のシステム改修を考慮するとタイトよね。

前に（第2話）個人番号カードは当分必要ないと言ったものの、健診データ等を確認したり、健康保険証として利用したりするために将来的には私も持つことになりそうだなあ。

今回のポイント

- 課題も少なくないが、平成30年から段階的に個人番号カードを健康保険証としてオンラインで資格確認する仕組みが考えられており、平成32年に本格的運用が予定されている。この場合も、医療機関が受診者のマイナンバーを取得することはない。
- 個人番号カードによってオンラインで資格確認するためには、医療機関等のシステム改修の費用確保が必要であり、平成30年4月の診療報酬改定等による対応が考えられている。

第20話 医療等IDによる医療介護連携と医療の質向上

医療機関にとって新たな概念となる「医療等ID」について、院長は多大な興味を持つ。本話では、マイナンバーとの比較を通じて、医療等IDの利用範囲や導入目的について確認する。

A. マイナンバーと医療等IDを分ける必要性

まずは、医療等IDの具体的利用場面の前に、マイナンバーと医療等IDを分ける必要性について、再確認することにしよう。

複数の機関に存在する個人の情報が同一人であることを確実に確認できるようになるので、医療機関等においては医療保険のオンラインでの資格確認等に止まらず、マイナンバーの利用範囲をさらに拡大した方が良い気もするわ。

医療等IDをマイナンバーとは別にする理由については、研究会の中間まとめ、「医療分野等ID導入に関する検討委員会」の中間とりまとめ等に記載されているよね。

はい。大きく二つの理由が示されています。一つ目は、「医療情報は情報収集の目的に応じて同意の要否が異なる」ということです。医療介護分野は、患者の同意を得ないで集められる情報と患者の同意を得て集められる情報が混在しており、明らかにその情報の収集目的が異なっているということです。

レセプト情報やがん登録情報等は、それぞれ関連する制度に基づいて公益のために情報が収集されることになっており、本人の同

意は必要としていないわよね。

一方、病歴等の第三者に知られたくない情報を取得するためには、個人情報保護法や番号法によって原則として本人同意が必要だったね。

その通りです。ゆえに、医療情報の種類によって同意の要否が異なっているため、マイナンバー制度の中で一律に規定して情報連携を行えるようにする方式は適切ではないと考えられているのです。

二つ目の理由は何かな。

「医療情報とその他情報がマイナンバーで突合されるリスクが高まる」ということです。マイナンバーを用いると、病歴や服薬の履歴等の人によっては第三者に知られたくない医療情報を知られてしまうリスクがあることが指摘されています。

何回も繰り返しているが、病歴等は機微な情報ということが仕組みを構築するうえでのポイントになっているね。

様々な医療情報を突合することで有益なデータを導き出すことができるのですが、マイナンバー制度で用意される情報連携基盤を経由しない形での情報突合リスクが高まるとされています。

悪意のある者がデータベースにアクセスし、不当にマイナンバーを取得した場合、本人が意図しない突合等が行われるリスクが高まるということね。

はい。マイナンバー制度では、番号法で規定した範囲の情報であれば、必要があれば、本人の同意を得ることなく、行政等の情報保有機関間で所得等の情報をやりとりすることが可能ですから。

そのため、マイナンバーとは別の医療分野専用の番号もしくは符号を創設して利用すべきであることが提言されているのだね。

その番号もしくは符号が「医療等ID」というわけね。

B．マイナンバーと医療等IDの利用範囲の違い

現段階で考えられているマイナンバーと医療等IDの利用範囲の違いを比較してみよう。

マイナンバーは、社会保障、税金、災害対策の分野の手続きのために行政機関等が利用できることとされています。社会保障分野の一つである医療介護については、資格や保険給付（現金給付のみ）、保険料徴収に関する情報をマイナンバーと関連づけて管理することになっています。

保険給付のうち、出産育児一時金や傷病手当金等のように金銭を支給するのが「現金給付」ね。

ただし、出産育児一時金や傷病手当金等の「現金給付」の申請は医療機関ではなく、事業者が実施するわけだから、前に（第8話）触れた労災年金の請求書と同様に医療機関が対象者のマイナンバーを取得することはないということだね。

そうね。そして、これらに平成27年9月の改正番号法によって、医療介護におけるマイナンバーの利用範囲が拡充されたため、健診情報や予防接種歴をマイナンバーと関連づけることが可能になるわけね。

その通りです。一方、「現金給付」に対し、医療機関等で医療サービスそのものを支給するのが、もう一つの保険給付である「現物給付」です。この「現物給付」に係る機微性の高い診療情報（病状、治療内容等）は、マイナンバーの利用範囲には含まれておら

ず、医療等 ID を利用することになると考えられます。

「視認性」という点ではどうかな。マイナンバーは、12桁の「見える番号」として、通知カード、個人番号カード、住民票に記載されているが…。

医療等 ID は、セキュリティの観点から、書面への書き取りや人を介在した漏えいを防止するため、電磁的な符号による「見えない番号」とすることが適当とされています。

そもそもマイナンバーは市町村（長）が住民票コードから生成して発行するわけだけれども、医療等 ID は誰がどうやって発行するのかしら。

支払基金と国保中央会が個人番号カードを起点として生成し、発行する仕組みが示されています。

支払基金と国保中央会が再び登場ね。

はい。「オンラインでの資格確認と一体的に管理・運営するのが効率的であるなど、支払基金・国保中央会が発行機関となることに合理性がある」とされています。

個人番号カードによる資格確認によって患者さん本人を厳格に確認することが可能であり、診療報酬の請求・支払において保健医療機関等と直接対応してきた実績等を踏まえると、支払基金・国保中央会が保険医療機関等に発行する仕組みは確かに合理性があるよね。

個人番号カードを持たない患者さんには、どのように対応するのかしら。過渡的な対応になるとは思うけれども。

個人番号カードを持たない患者さんについても医療連携は必要ですから、現在の保険証番号に代えて、保険者を異動しても変わら

ない「資格確認用番号（仮称）」を健康保険証で読み取るなどの仕組みを用意すべき」との意見もあります。

しかし、個人番号カード以外の方法は、なりすましを完全に排除できないよね。

その通りです。ゆえに、「安易に他の方法をとるべきではない」との意見もあるのです。

C．医療等IDの導入目的

課題は少なくないようだね。ところで、医療等IDの導入目的は、医療機関間の情報連携の推進ということだったよね。

はい。医療等IDの導入目的は三つあるのですが、一つ目として、「地域内や複数地域をまたがる医療機関・介護事業者等の連携や地域包括ケアの提供」が飛躍的に進むことが期待されています。

急性期から回復期、在宅療養に至るまでの切れ目ない医療・介護サービスを提供するとともに、高齢者が身近な地域でできるだけ長く自立した生活を実現するためには、地域包括ケアを提供する医療機関や介護事業者等のサービスの基盤とともに、共働してサービスを提供するための情報連携のネットワークが不可欠であることが指摘されているよね。

前にも（第5話）触れたけど、ICTで独自のネットワークを構築し、地域での医療介護連携を実現している事例は全国各地に複数あるわよね。これらでは駄目なのかしら。

地域のネットワークを越えて情報連携が必要な場合が問題なのです。

各ネットワークの技術的な問題かしら。

はい。現在は同じ患者さんについてそれぞれのネットワークの管理システムで異なる識別子（ID）を用いて管理しているため、異なるネットワーク間（例えば、ネットワークAとネットワークBの間）の情報連携が円滑にできないのです。また、各医療機関等がそれぞれ異なるベンダが提供する情報連携のシステムを利用し、識別子（ID）の管理体系がそれぞれ異なる場合には、同一地域内であっても、円滑な情報連携に支障が生じうるのです。

そこで医療等IDの登場というわけだね。

その通りです。異なるID体系に管理された地域医療連携のネットワーク間において、患者本人を一意的に把握するための共通の識別子（ID）として、「地域医療連携用ID（仮称）」を生成し、各ネットワークの管理システムに提供する仕組みを整備することにより、異なるネットワークであるネットワークAとネットワークBの間での患者情報の連携が可能になるというものです。

仮称であるが、具体的なIDの名称が提案されているのだね。

すると、「地域医療連携用ID（仮称）」は、「異なるID体系で管理された医療情報等を突合するための識別子」という役割として位置づけられ、異なるネットワーク間の情報連携はこのIDを用いるということね。

同じネットワーク内（例えば、ネットワークAに参加する機関）では、どうするのだろうか。

医療機関ごとの診察券番号等、現在、各ネットワークが提供する「患者管理のID体系」を利用する仕組みが可能であるとしています。

「患者管理のID体系」とは何かな。

例えば、ネットワークAに参加する医療機関Aのシステムでは、ネットワークAでの共通の患者管理IDと診察券番号とを一対一で管理することにより、医療機関Aでは診察券番号で患者情報を管理しつつ、ネットワークAに参加する他機関とは、共通の患者管理IDで情報連携が可能になるというものです。

現在の地域医療連携ネットワークの管理IDは、患者本人の一意性を確保・確認する手段として、患者の氏名や生年月日等と一対一で対応させて管理する方法があるけれど、氏名等では完全な一意性の確保が難しい場合があるわよね。

その通りです。異なるネットワーク間で患者を一意的に識別するための共通の識別子（ID）として「地域医療連携用ID（仮称）」を用意すれば、異なるネットワーク間で用いるだけでなく、同じネットワーク内で患者を一意的に管理する識別子（ID）として用いることも可能になるのです。

そうすると、異なるネットワーク間での情報連携だけでなく、地域医療連携の同じネットワーク内の機関間でも、全国共通の識別子（ID）が用いられるよう、地方自治体等に働きかけることが重要になるね。

「地域における医療及び介護を総合的に確保するための基本的な方針」（平成26年9月厚生労働省告示）においても、ICTの活用については、標準的な規格に基づいた相互運用性の確保や将来の拡張性を考慮することが求められています。例えば、地域医療連携ネットワークの構築に際しては、病名等の厚生労働省標準規格と同様、「地域医療連携用ID（仮称）」の活用を促すなど、その周知に取り組むことが指摘されています。

第 3 章　医療等分野における今後の番号制度

正に地域医療構想を実現するインフラとしての役割を担うわけだね。

はい。また、医療等 ID の導入目的の二つ目として、「国民自らが健康・医療の履歴や記録を確認し、健康増進に活用する仕組み（ポータルサービス）」が飛躍的に進むことが期待されています。

転居や症状により、多くの国民は複数の医療機関に受診するわけだから、そのすべての履歴や記録を把握している人は皆無よね。

その現状に対し、医療等 ID を使用することで希望する個人が医療機関等と連携し、生涯の健康・医療の履歴や記録を確認できるということは凄いことであり、国民自身がメリットを実感できる仕組みでもあるね。

はい。そして、医療等 ID の導入目的の三つ目として、「健康・医療の研究分野での大規模な分析研究」が飛躍的に進むことが期待されています。

臨床現場と医学研究は密接に関連しているため、医療等 ID を用いることで、患者本人の同意のもとで、同一の患者群についての長期間にわたる追跡研究や、複数の医療機関等のデータを集積した大規模なデータ分析等、データの収集や突合を効率的に行うことが可能になるということね。

前に（第 5 話）触れた改正個人情報保護法の「匿名加工情報」と関連するね。

その通りです。「匿名加工情報」は本人の同意が不要であり、平成 29 年 4 月からの開始が予定されているため、先行して運用されるのではないでしょうか。

今回のポイント

- 出産育児一時金や傷病手当金等の「現金給付」の申請は医療機関ではなく、事業者が実施するため、労災年金の請求書と同様に医療機関が対象者のマイナンバーを取得することはない。
- 医療給付の「現金給付」はマイナンバーと関連づけられ、「現物給付」は医療等 ID の利用とすることが考えられている。
- 「地域医療連携用 ID（仮称）」を用意すれば、異なるネットワーク間で用いるだけでなく、同じネットワーク内で患者を一意的に管理する識別子（ID）として用いることも可能になり、効率的に医療介護連携が実現する。
- 医療等 ID の活用により、国民自らが健康・医療の履歴や記録を確認し、健康増進に活用する仕組み（ポータルサービス）も考えられている。
- 医療等 ID を用いることで、研究活用への患者本人の同意のもとで、同一の患者群についての長期間にわたる追跡研究や、複数の医療機関等のデータを集積した大規模データ分析等、データの収集や突合を効率的に行うことが可能になる。

最終話 今までの議論を経て医療機関がなすべきこと

　第1話から第20話までの確認結果を踏まえ、JMP病院においてもマイナンバー制度等への対応が完全ではないことを院長は痛感する。本話では、医療機関にとって体制の再構築が必要となる職員等の個人情報保護対策、マイナンバー対策（番号法改正による利用範囲の拡大も含む）、改正個人情報保護法への適応、医療等IDへの対応準備について、それらのポイントを再整理する。

全20話にわたってマイナンバー等について確認してきたが、当院も対応が完全とは言えないな。

はい。マイナンバーの利用は開始されたばかりですし、これからが本番です。未経験の関連業務もこれから発生しますので、しっかり対応していきます。

マイナンバーへの対応を確認すればするほど、職員等の個人情報保護に対する意識が稀薄だったことにも気づいたよ。

平成27年11月改正の「雇用管理分野における個人情報保護に関するガイドライン」等に基づいて、院内体制を再確認する必要もあるわね。

はい。応募者を含む職員等に対する利用目的の通知又は公表、漏えい・滅失・き損を防ぐための安全管理措置、取り扱う職員や委託先の監督、本人からデータ開示等を求められたときの対応等がポイントですね。

最終話　今までの議論を経て 医療機関がなすべきこと

安全管理措置は、事業者内の監査実施体制の整備、情報システムからの漏えい等を防止するための技術的安全管理措置を講じることも努力義務として示されているわよね。

その通りです。また、委託先の監督に対しては、委託先に対する定期的な監査の実施、再委託等を実施する場合の委託先の監督等を行うことも努力義務として示されています。

それらの努力義務は、明らかにマイナンバーの取り扱いを念頭に置いて追記されているね。

そうですね。さらに、本人から求められた際は本人に対して遅滞なく、保有個人データを開示することが求められていますが、「業務の適正な実施に著しい支障を及ぼすおそれがある場合」等、非開示にできる場合も定められています。

具体的にはどのような場合かな。

例えば、人事評価や選考に関する個々人の情報です。これらの取り扱いは労働組合等と協議して決定することが推奨されており、当院としての対応も決定しなければいけません。

人事評価の結果は、本人に公開しているので問題ないな。

はい。しかし、結果に至った細部のプロセス（考課者のノート等）、役職登用の選考理由等については公開していません。

応募者の採用に当たっての選考理由等についても公開していないし、公開することによってトラブルになる可能性もあるしね。

なるほど。これらの方針や体制についても決定していく必要があるね。

はい。職員の個人情報という点では、今年初めて実施するストレスチェック制度の結果の取り扱い等にも留意しなければなりませ

ん。

当院の職員等のマイナンバーや個人情報の取り扱いは万全であることを看護師募集パンフレットに記載したり、就職説明会で公言したりできればいいわ。

はい。マイナンバーの取り扱いを機会とし、職員等の個人情報についても併せて管理体制を整備していきます。

前に（第5話）確認した改正個人情報保護法への対応は、政令等で具体的な取り扱いが提示された後、速やかに対応していくこととし、改正番号法においても、患者さんのマイナンバーを取り扱うわけではないので問題はないな。

そうですね。余談ですが、実は顧客のマイナンバーを収集している業界もあるのです。

金融機関などね。

その通りです。銀行、証券会社、生命保険会社等は、株や投資信託等の証券取引をしている人、非課税適用の預貯金・財形貯蓄をしている人等からマイナンバーを収集しています。

利息や分配金の支払調書を税務署に提出するからだね。

はい。そのため、金融業務は別冊で個人情報保護委員会等がQ＆A等を掲載しています。

金融機関等でマイナンバーの提供を求められるのだから、社会保障の分野である医療機関にマイナンバーを提供することに抵抗のない患者さんもいるかもしれないわね。前に（第8話）触れたようにマイナンバーが記載された労災年金の請求書や個人番号カードを提出されても預からないように徹底することは必要ね。

そして、最も気になるのが医療保険資格のオンライン確認に対するシステム改修、医療等ID導入による医療介護連携等の推進だね。

その通りです。「効果的・効率的な医療提供体制の構築」を目指している地域医療構想のツールとして医療等IDを捉え、投資資金の確保、医療機能の明確化、医療介護連携の一層の強化に取り組んでいく必要があります。

当院も「新公立病院改革プラン」と同様に、これらの内容を踏まえ、平成28年度から平成32年度までを対象とした5年間の中長期計画を資金繰りも踏まえて策定していくことにしよう。

そうですね。早速、今までの内容に基づいて巻末に「自主点検チェックリスト」を作成したので、漏れのないように体制を再構築していきます。

今回のポイント

- 「雇用管理分野における個人情報保護に関するガイドライン」、「番号法ガイドライン」、「改正個人情報保護法」等に基づいて体制を整備する必要がある。
- 医療保険のオンライン資格確認や医療等IDの本格的運用を目指している平成32年度までを対象とし、資金繰りも踏まえて中長期計画を作成することも有効である(作成済みの場合は内容を適宜追加)。
- マイナンバーや個人情報に係る「自主点検チェックリスト」を作成し、体制を再構築していくことも有効である。

医療機関向けマイナンバー対応等 ― 自主点検チェックリスト

【必要度】 ◎法律等に規定（義務・努力義務） ○推奨 △任意

項目	チェックポイント	必要度
職員等の 個人情報保護 【第4話】	□雇用契約や別途文書等により、個人情報の利用目的を明確に職員などに通知あるいは公表している。	◎
	□緊急連絡簿等の職員の個人情報を目的外利用した場合、就業規則に基づいて処罰の対象になることについて、職員に周知している（目的外利用に違反していない）。	○ (◎)
	□職員等のデータ管理責任者及びデータ担当者に対し、必要な教育や研修を実施している。	◎
	□職員等のデータ管理責任者及びデータ担当者は、職員等の個人情報の第三者提供違反と例外のケースを理解して対応している（第三者提供に違反していない）。	○ (◎)
	□採用応募者に対し、ホームページに加え、採用応募に関する文書等を活用し、収集する個人情報の利用目的を明記している。	◎
	□不採用者の個人情報は、返却、破棄又は削除するか、あるいは安全管理措置を講じて保管して目的外利用をしないことを徹底している。	◎
	□退職者の個人情報は、返却、破棄又は削除するか（法律で保存期間が定められている労働者名簿や賃金台帳等を除く）、あるいは安全管理措置を講じて保管して目的外利用をしないことを徹底している。	◎
	□あらかじめ本人の同意を得ずに、退職者の転職先又は転職予定先を第三者に提供していない（退職時に提供の可否を確認している）。	◎ (○)
	□あらかじめ本人の同意を得ずに、健康診断結果以外の健康情報を取得していない。	◎
	□職業上の特別な必要性がある場合を除き、HIV感染症やB型肝炎等に関する情報や、色覚検査等の遺伝情報について、職員等から取得していない。	◎
	□ストレスチェック結果を取り扱う実施者や実施事務従事者について、すべての職員に周知している。	◎

	□面接指導対象者以外のストレスチェックの結果は、本人の同意なくして取得しないようにしている。ストレスチェック結果の事務を院内で担当している場合、担当者は所属部署の上司にも結果を漏らさないように徹底している。	◎
	□人事評価や選考に関する個々人の情報などについて、非開示にできる項目を明確にして対応している。	○
改正個人情報保護法【第5話】※平成29年4月以降に対応必要	□病歴、病状等の要配慮個人情報を提供できる家族の範囲や提供情報の限定に関し、事前に患者さんから包括的な同意を得ている。	◎
	【小規模なクリニック等の個人データの数が5,000以下の事業者】□個人情報取扱事業者としての義務が課せられるため、利用目的の通知・公表、安全管理体制の構築等の体制を整備している。	◎
	□指針に基づき、治験等において個人データを製薬会社や他医療機関に提供したり、提供を受けたりする場合、トレーサビリティの確保措置を講じている。	◎
	□「個人情報データベース等提供罪」(不正な利益を図る目的で個人情報データベース等を第三者に提供したり、盗用したりした場合、1年以下の懲役又は50万円以下の罰金に処せられる)について、役員や職員に教育している。	○
	□「匿名加工情報」という新しい概念を理解し、対応している。	○
	□個人情報保護委員会を通じて公表される改正個人情報ガイドラインに基づいて体制を整備している。	◎
法人番号【第3話】	□法人番号公表サイトに掲載されている名称や所在地は、ホームページと合致している。	○
	□法人番号をホームページ、パンフレット、広報誌等に掲載し、積極的に公開している。	△
	□法人番号を活用して連携機関を整理したり、新規設立法人の検索に活用したりしている。	△
	□法人番号を活用して取引先情報の管理を効率化している。	△
	□支払調書を提出する取引先の法人番号を取得している(報酬等・不動産の使用料等)。	◎

マイナンバーの利用等 【第1話・第3話・第5話】	〔職員の副業を制約している医療機関〕 □マイナンバー制度によって職員の副業が判明した場合の対応が明確になっている。	○
	□マイナンバーで職員の人事情報を管理したり、職員のID代わりに使用したりしていない。	◎
	□マイナンバーで医療連携先や取引先情報の管理を行っていない。	◎
	□死亡した人のマイナンバーも保護の対象となることを理解し、対応している。	◎
マイナンバーの取得 【第6～9話】	□マイナンバーを取得（収集）する際、事前に利用目的を明確化し、イントラネットや取扱規程への記載に加え、職員及び扶養家族に通知書を交付して通知・公表している（利用範囲を超えて利用目的を公表・通知していない）。	◎ (◎)
	□平成29年1月1日以降の利用目的も含めて利用目的を公表・通知している。	○
	□収集と同じく、本人の同意があっても目的外利用は原則できないことを徹底している（目的外利用の例も把握している）。	◎ (○)
	□マイナンバーの番号確認は、①通知カード、②個人番号カード、③マイナンバー記載の住民票のいずれかの写しで行っており、メモしてきたものなどで確認していない。	◎
	□マイナンバー取得時の身元確認を省略する場合、採用時に信頼度の高い所定の身分証明書で身元確認を行っている。	◎
	□マイナンバー取得時の身元確認を行う場合、信頼度の高い所定の身分証明書で身元確認を行っている。	◎
	□イントラネット、メール、郵送でマイナンバーを取得する場合、身元確認は省略していない。	◎
	□郵送でマイナンバーを取得する場合、担当者限定郵便で追跡可能な簡易書留での提供を徹底している。	○
	□メールでマイナンバーを取得する場合、ファイルにパスワードをかけて、それぞれ別送するように徹底している。	○

	□FAXでのマイナンバー取得は禁止するか、あるいは誤送信の場合は自己責任であることを通知するとともに、受信時に担当者以外に見られないように配慮している。	○
	□電話でのマイナンバー取得は、初回時は実施していない。	◎
	□番号確認をした①通知カード、②個人番号カード、③マイナンバー記載の住民票のいずれかの写しは安全管理措置を適切に講じて保管している。あるいは不要となった段階で破棄している。	◎
	□本部が本人確認を行い、事業所がマイナンバーを収集する場合、事業所で当該写しをさらにコピーして保管していない。	○
	□平成29年1月1日からマイナンバーの記入が必要となる国民年金の第3号被保険者の届出等に利用する職員の配偶者のマイナンバーについて、職員から提供される場合、配偶者の委任状の提供を受ける必要があることを理解し、書式を準備している。	◎
	□扶養家族に該当しない職員の家族のマイナンバーの提供を受けないことを徹底している(提供時に必要なマイナンバーかどうかの確認を徹底している)。	◎ (○)
	□高額療養費支給申請書等は職員が健康保険組合などに直接提出することを徹底している。	◎
	□内定の通知及び入職に関する誓約書の提出の事実等がない場合、採用内定者からマイナンバーの提供を受けていない。	◎
	□職員や扶養家族がマイナンバーの提出を拒んだ場合の対応方法が明確になっている(説得するとともに、収集を怠ったわけではないことをエビデンスとして保管している)。	◎ (◎)
	□マイナンバーの取得忘れがないよう、就業規則の「雇用契約時に提出する書類一式」にマイナンバー(個人番号)の写しを追加している。	○
	□職員や扶養親族のマイナンバーに変更があった場合、職員は当院に報告しなければならないことを就業規則などに追加している。	○
	□利用者からマイナンバーの記載された労災年金請求書等を受け取らないことを徹底している。	◎

	□利用者の個人番号カードを身分証明書としてコピーする場合、裏面のマイナンバー部分をコピーしないことを徹底している。	◎
	□マイナンバーの取得が必要な取引先に対しては、個人番号利用目的通知書を交付したり、業務委託契約書に利用目的を記載したりして利用目的を通知している。	◎
	□外部講師等に対面で本人確認書類の「提示」を受けた場合、講演料の支払先等に対し、本人確認書類の写しを求めていない。	◎
マイナンバーの提供【第10話】	□グループ内の法人であっても、別法人であれば特定個人情報（マイナンバーを含む個人情報）は提供していない（委託のケースを除く）。	◎
	□出向・転籍先の法人は出向・転籍元の法人からではなく、出向者本人から特定個人情報を取得している（委託のケースを除く）。	◎
	□源泉徴収票の開示請求があった場合、マイナンバー部分を復元できない程度にマスキングするなどして開示している。	◎
マイナンバーの廃棄【第11話】	□個人番号関係事務を処理する必要がなくなり、法律で定められている各書類の保存期間を経過した場合、該当のマイナンバーをできるだけ速やかに廃棄又は削除する体制を構築している。	◎
	□各書類のマイナンバーと当該書類以外の情報システム内のマイナンバーを連動して管理している（すべての書類を破棄した場合、情報システム内の該当マイナンバーも削除する仕組みになっている）。	◎
	□マイナンバーを廃棄又は削除した場合、廃棄・削除した記録（特定個人情報ファイルの種類・名称、責任者・取扱部署、削除・廃棄状況等）を保存する体制を構築している。	◎
マイナンバーの安全管理措置【第12～14話】	□特定個人情報に関する基本方針や取扱規程を作成している。※既存の個人情報保護に係る取扱規程等に追記する形でも良い。※従業員100人以下の中小規模事業者の場合、特定個人情報等の取扱方法、責任者や事務取扱担当者が明確になっていれば良い。	◎
	□就業規則の懲戒事由や秘密保持等の条文において、特定個人情報の取り扱いに関して追記している。	○
	□特定個人情報の事務取扱担当者に対して、誓約書の提出を義務づけている。	△

	□特定個人情報に関する責任者や事務取扱担当者、取扱規程違反や情報漏えい等の報告連絡体制、マイナンバーを取り扱う部署間の任務分担や責任等を明らかにしている。※従業員100人以下の中小規模事業者の場合、組織的安全管理措置は軽減措置に基づき、各事業者が適した対応を講じていれば良い。	◎
	□システムログや利用実績の記録、特定個人情報ファイルの取扱状況を確認するための記録等の実施、情報漏えい等の事案に対応する体制の整備、定期的点検や監査の実施、事務取扱担当者の監督・教育を実施している。※従業員100人以下の中小規模事業者の場合、組織的安全管理措置は軽減措置に基づき、各事業者が適した対応を講じていれば良い。	◎
	【対象人数1,000人以上の公立病院等】 □特定個人情報保護評価の実施体制を整備している。	◎
	□マイナンバーの物理的安全管理措置として、①特定個人情報等を取り扱う区域の管理、②機器及び電子媒体等の盗難等の防止、③電子媒体等を持ち出す場合の漏えい等の禁止、④個人番号の削除、機器及び電子媒体等の廃棄の対策を講じている。※従業員100人以下の中小規模事業者の場合、限定的にある軽減措置については、各事業者に適した対応を講じていれば良い。	◎
	□マイナンバーの技術的安全管理措置として、①アクセス制御、②アクセス者の識別と認証、③外部からの不正アクセス等の防止、④情報漏えい等の防止の対策を講じている。※従業員100人以下の中小規模事業者の場合、限定的にある軽減措置については、各事業者に適した対応を講じていれば良い。	◎
マイナンバー事務の委託【第15話】	□マイナンバー事務を委託する場合、委託先に対する「必要かつ適切な監督」として、(1) 委託先の適切な選定、(2) 委託先に安全管理措置を遵守させるために必要な契約の締結、(3) 委託先における特定個人情報の取扱状況の把握の体制を構築している。	◎
	□情報システムの構築や保守サービスの委託にあたり、当該保守サービスを提供する事業者がサービス内容の全部又は一部としてマイナンバーをその内容に含む電子データを取り扱うかどうかを確認し、取り扱う場合、マイナンバー関連の委託に該当させて委託先に対する「必要かつ適切な監督」を行っている。	◎

マイナンバーの漏えい対策【第16話】	□マイナンバーの漏えい事案、その他の番号法違反の事案等の発生に備え、(1) 事業者内部における報告、被害の拡大防止、(2) 事実関係の調査、原因の究明、(3) 影響範囲の特定、(4) 再発防止策の検討・実施、(5) 影響を受ける可能性のある本人への連絡等、(6) 事実関係、再発防止策等の公表、(7) 重大事案の場合の個人情報保護委員会への報告等についてルール化している。	◎
医療等分野における今後の番号制度【第17〜20話】	□公立病院の場合、「新公立病院改革プラン」の中に、マイナンバー、医療等ID、個人情報保護への対策も取り込んでいる。民間病院の場合、同様の内容に加え、役割や医療機能を明確化して医療介護連携を強化する中長期計画を作成している。	△
	□研究体制の再構築の検討を始めている。→医療等IDの活用により、研究活用への患者本人の同意のもとで、同一の患者群についての長期間にわたる追跡研究や、複数の医療機関等のデータを集積した大規模なデータ分析等、データの収集や突合を効率的に行うことが可能になる。	△

引用・参考文献

- 政府・与党社会保障改革検討本部「社会保障・税番号大綱 ―主権者たる国民の視点に立った番号制度の構築―」平成23年6月30日
http://www.cas.go.jp/jp/seisaku/bangoseido/pdf/110630/honbun.pdf（平成28年6月7日アクセス）
- 内閣官房・内閣府、個人情報保護委員会、総務省・国税庁・厚生労働省「マイナンバー 社会保障・税番号制度 民間事業者の対応 平成28年3月版」
http://www.cas.go.jp/jp/seisaku/bangoseido/download/jigyou_siryou.pdf（平成28年5月31日アクセス）
- 内閣官房・内閣府、特定個人情報保護委員会、総務省・国税庁・厚生労働省「いよいよマイナンバー制度（社会保障・税番号制度）が始まります。」平成27年5月
http://dwl.gov-online.go.jp/video/cao/dl/public_html/gov/pdf/pamph/ad/0005/0005b_all.pdf（平成28年5月30日アクセス）
- 内閣官房「よくある質問FAQ」
http://www.cas.go.jp/jp/seisaku/bangoseido/faq/faq1.html（平成28年5月31日アクセス）
- 内閣官房「本人確認の措置」
http://www.cas.go.jp/jp/seisaku/bangoseido/pdf/kakunin.pdf（平成28年6月1日アクセス）
- 内閣官房「本人確認書類の写しの取扱いについて」
http://www.cas.go.jp/jp/seisaku/bangoseido/pdf/toriatsukai.pdf（平成28年6月1日アクセス）
- 内閣官房「マイナンバーの提供を求められる主なケース（平成28年1月18日現在）」
http://www.cas.go.jp/jp/seisaku/bangoseido/pdf/teikyou_case.pdf（平成28年6月3日アクセス）
- 内閣官房「マイナンバー法成立までの経緯」
http://www.cas.go.jp/jp/seisaku/bangoseido/pdf/seiritsukeii.pdf（平成28年6月3日アクセス）
- 内閣官房 社会保障改革担当室「マイナンバー制度の概要について」
http://www.hokkaido.cci.or.jp/files/number1.pdf#search='http%3A%2F%2Fwww.hokkaido.cci.or.jp%2Ffiles%2Fnumber1.pdf'（平成28年6月7日アクセス）
- 内閣官房IT総合戦略室 パーソナルデータ関連制度担当室「個人情報の保護に関する法律 及び行政手続における特定の個人を識別するための番号の利用等に関する法

律の一部を改正する法律案＜概要（個人情報保護法改正部分）＞」平成27年4月
http://www.soumu.go.jp/main_content/000355092.pdf（平成28年5月31日アクセス）
- 内閣官房IT総合戦略室「個人情報保護法の改正概要」平成27年11月
http://www.mhlw.go.jp/file/05-Shingikai-10601000-Daijinkanboukouseikagaku-ka-Kouseikagakuka/151117_tf1_s4.pdf（平成28年5月31日アクセス）
- 個人情報保護委員会「特定個人情報の適正な取扱いに関するガイドライン（事業者編）」平成26年12月11日（平成28年1月1日一部改正）
http://www.ppc.go.jp/files/pdf/160101_guideline_jigyousya.pdf（平成28年5月30日アクセス）
- 個人情報保護委員会「特定個人情報の適正な取扱いに関するガイドライン（事業者編）」及び「(別冊) 金融業務における特定個人情報の適正な取扱いに関するガイドライン」に関するQ＆A
http://www.ppc.go.jp/legal/policy/answer/#q1-1（平成28年5月31日アクセス）
- 個人情報保護委員会「特定個人情報の漏えい事案等が発生した場合の対応について（概要資料）」
http://www.ppc.go.jp/files/pdf/280205_tokuteikojinnjyouhounorouei-gaiyou.pdf（平成28年6月3日アクセス）
- 個人情報保護委員会「個人番号の取扱い及び漏えい事案等が発生した場合の対応等（事業者向けリーフレット）」
http://www.ppc.go.jp/files/pdf/280401_kojinnbanngounotoriatsukai-leaflet.pdf（平成28年6月3日アクセス）
- 特定個人情報保護委員会「特定個人情報の漏えい事案等が発生した場合の対応におけるQ＆A」平成27年12月25日
http://www.ppc.go.jp/files/pdf/271225_rouei_qa.pdf（平成28年5月31日アクセス）
- 個人情報保護委員会事務局「特定個人情報保護評価の概要」平成28年1月
http://www.ppc.go.jp/files/pdf/20160101hyoukasyousai.pdf（平成28年6月3日アクセス）
- 特定個人情報保護委員会事務局「中小企業向け　はじめてのマイナンバーガイドライン　～マイナンバーガイドラインを読む前に～」平成26年12月版
http://www.ppc.go.jp/files/pdf/270213chusho.pdf（平成28年6月3日アクセス）
- 国税庁「法人番号について、詳しく解説します」
http://www.nta.go.jp/mynumberinfo/houjinbangou/kuwasiku.htm#k01（平成28年5月30日アクセス）
- 国税庁「国税分野における番号法に基づく本人確認方法【事業者向け】」平成28

年5月
http://www.nta.go.jp/mynumberinfo/pdf/kakunin.pdf（平成28年6月1日アクセス）
- 厚生労働省「雇用管理分野における個人情報保護に関するガイドライン」平成24年厚生労働省告示第357号全部改正（平成27年厚生労働省告示第454号一部改正）
http://www.mhlw.go.jp/file/06-Seisakujouhou-12600000-Seisakutoukatsukan/0000105175.pdf（平成28年5月31日アクセス）
- 厚生労働省「雇用管理分野における個人情報保護に関するガイドライン：事例集」平成24年5月（平成27年11月改正）
http://www.mhlw.go.jp/file/06-Seisakujouhou-12600000-Seisakutoukatsukan/0000106886.pdf（平成28年5月31日アクセス）
- 厚生労働省「雇用管理に関する個人情報のうち健康情報を取り扱うに当たっての留意事項」平成27年11月30日通達
http://www.mhlw.go.jp/file/06-Seisakujouhou-12600000-Seisakutoukatsukan/PDF_7.pdf（平成28年5月31日アクセス）
- 厚生労働省「【リーフレット】雇用管理に関する個人情報の取り扱いについて」平成27年11月
http://www.mhlw.go.jp/file/06-Seisakujouhou-12600000-Seisakutoukatsukan/0000105164.pdf(平成28年5月31日アクセス）
- 厚生労働省「マイナンバー制度（雇用保険関係）」
http://www.mhlw.go.jp/stf/seisakunitsuite/bunya/0000087941.html（平成28年5月31日アクセス）
- 厚生労働省 都道府県労働局 労働基準監督署「医療機関向けのリーフレット」
http://www.mhlw.go.jp/file/06-Seisakujouhou-11200000-Roudoukijunkyoku/0000106075.pdf（平成28年5月30日アクセス）
- 厚生労働省「医療等分野における番号制度の活用等に関する研究会『中間まとめ』」平成26年12月
http://www.mhlw.go.jp/stf/shingi2/0000067915.html（平成28年6月3日アクセス）
- 厚生労働省「医療等分野における番号制度の活用等に関する研究会『報告書』」平成27年12月
http://www.mhlw.go.jp/stf/shingi2/0000106604.html（平成28年6月7日アクセス）
- 厚生労働省「医療等分野における番号制度の活用に向けた検討について」平成27年4月14日

http://www.kantei.go.jp/jp/singi/keizaisaisei/jjkaigou/dai17/siryou1-2-2.pdf（平成28年6月3日アクセス）
- 厚生労働省「リーフレット（第3号被保険者（配偶者の健康保険に加入している方）向け）」
http://www.mhlw.go.jp/file/06-Seisakujouhou-12500000-Nenkinkyoku/tekiyou-kakudai3gou.pdf（平成28年10月4日アクセス）
- 経済産業省「『個人情報』の『取扱いのルール』が改正されます（パンフレット）」
http://www.meti.go.jp/policy/it_policy/privacy/downloadfiles/01kaiseikojinjohopamphlet.pdf（平成28年5月31日アクセス）
- 総務省自治財政局「新公立病院改革ガイドライン」平成27年3月21日
http://www.soumu.go.jp/main_content/000350493.pdf（平成27年8月3日アクセス）
- 日本医師会 医療分野等ID導入に関する検討委員会「医療分野等ID導入に関する検討委員会 中間とりまとめ」平成27年7月
http://dl.med.or.jp/dl-med/teireikaiken/20150715_5.pdf（平成28年5月30日アクセス）
- Mie-LIP DBセンター「Mie-LIP DBへの登録について 三重地域圏統合型医療情報データベース（Mie-LIP DB）」
http://www.mie-cts.net/top/mie-lip.htm（平成28年5月31日アクセス）
- Mie-LIP DBセンター「Mie-LIP DBへの登録について 三重地域圏統合型医療情報データベース（Mie-LIP DB） Q＆A」
http://www.mie-cts.net/top/Q&A.htm（平成28年5月31日アクセス）
- 番号創国推進協議会 調査研究・政策部会 日本ユーザビリティ医療情報化推進協議会「提言『自治体データ及び医療データ連係と個人情報保護法制の問題点 個人情報保護法制2000個問題の立法的解決に向けて』」平成27年4月9日
http://j-jump.jp/wp-content/uploads/2015/04/4.9-JUMP-happyoushiryou2-.pdf（平成28年6月1日アクセス）
- 平岡敦「個人情報保護法の改正と医療」平成28年1月
http://senkensoi.net/column/2016/01/261292（平成28年5月31日アクセス）
- 佐藤一郎：ビッグデータと個人情報保護法：データシェアリングにおけるパーソナルデータの取り扱い. 情報管理 58（11）：828-35, 2015.
https://www.jstage.jst.go.jp/article/johokanri/58/11/58_828/_html/-char/ja/（平成28年5月31日アクセス）
- 医業経営情報REPORT「医業機関におけるマイナンバー制度」平成27年3月
http://www.joyokeiei.com/useful/docs/2015%E5%B9%B43%E6%9C%88%E5%8F%B7%E5%8C%BB%E6%A5%AD.pdf#search='http%3A%2F%2Fwww.

joyokeiei.com%2Fuseful%2Fdocs%2F2015%25'（平成28年6月13日アクセス）
●鳥飼総合法律事務所監修「マイナンバーQ＆A速効解決！」 日本経済新聞出版社，2015.
●石川弘子監修「知らないとヤバい！ マイナンバー」．三才ブックス，2015.
●青木丈監修「経営者が知っておきたい マイナンバー制度Q＆A」メディアソフト，2016.

> 著者略歴

石橋　賢治　株式会社富士見坂病院経営研究所　代表取締役

- ●昭和39年愛知県生まれ
- ●最終学歴
  埼玉大学大学院経済科学研究科博士後期課程修了（博士［経済学］）
- ●資格
  社会保険労務士・中小企業診断士
- ●職歴
  昭和62年～平成12年　愛知県厚生農業協同組合連合会に勤務
  平成12年～平成23年　株式会社槇コンサルタントオフィスに勤務
  平成23年4月より現職
- ●主な研究業績
  「公立病院における看護補助者の処遇に関する研究 ～一般病院の経営形態と地域にも着目して～」（日本医療・病院管理学会誌 Vol.51 No.3　2014.8）
  「公立病院改革プランの経営の効率化に影響を与えた要因～自治体の直営病院に着目して～」（日本医療・病院管理学会誌 Vol.53 No.1　2016.1）
- ●主な著作
  「郡部に於ける一般病院の挑戦」（第5回清水晶マーケティング論文賞佳作受賞 1999.1）
  「社会価値の最大化に向けた21世紀の医療提供体制」（フェーズ3 2001.8月号　社団法人日本医療法人協会創立50周年記念懸賞論文優秀作受賞）
  「医療・福祉施設におけるバランス・スコアカードの本格的展開／複雑系として進化する組織のマネジメント」（社会保険旬報 2002 No.2143/2144）
  「公立病院改革の着眼点／本質を見据えた取り組みに向けて」（社会保険旬報 2008 No.2345）
  「JMP病院経営改革物語～どのように病院の経営改革を進めるのか～」（フェーズ3 2006.7月号～2008.7月号）

医療経営士実践テキストシリーズ5
これだけは知っておきたい
医療機関のためのマイナンバー対策

2016年10月27日　第1版第1刷発行

著　者　石橋賢治
発行者　林　諄
発行所　株式会社 日本医療企画
　　　　〒101-0033　東京都千代田区神田岩本町4-14
　　　　　　　　　　神田平成ビル
　　　　TEL 03（3256）2861（代表）
　　　　FAX 03（3256）2865
　　　　http://www.jmp.co.jp/
印刷所　図書印刷株式会社

ISBN978-4-86439-511-3 C3034　©Kenji Ishibashi 2016, Printed in Japan
（定価は表紙に表示しています）